U0067259

現實治療法

◆理論與實務◆

張傳琳　著

作者簡介

張傳琳

學 歷

美國德州理工大學（Texas Tech Uni.）諮商心理博士
美國偉倫大學（Wayland Baptist Uni.）教育心理碩士
台灣浸信會神學院道學碩士　主修宗教教育
東吳大學文學學士　主修哲學

現 職

國立陽明大學通識教育中心副教授兼任心理諮商中心主任

經 歷

國立清華大學教育學程中心副教授暨諮商中心主任
國立交通大學諮商中心輔導老師
台灣浸信會懷恩堂傳道
台灣浸信會神學院副教授、講師

I

專業訓練經歷

美國現實治療協會諮商師基礎及進階訓練

美國催眠治療協會催眠專業訓練

美國德州理工大學諮商中心生涯輔導諮商師專業訓練

美國德州理工大學諮商中心跨文化輔導訓練

Glasser 序

選擇理論是現實治療的核心觀念

　　自一九六七年迄今，全世界已有 55,000 人經由我所創辦之 William Glasser 協會接受現實治療的訓練。如同我所推展的觀念，我深信惟有了解選擇理論是運用現實治療的核心；所以學習現實治療就必須學習選擇理論。

　　所有的行為都是我們自己所選擇的，甚至包括了精神疾病；惟有在當事人能選擇滿足更多自我內在的需求時，這些症狀才會消失。除非你能學習更了解選擇理論，否則無法教導和應用現實治療；也只有在當事人學習更了解選擇理論，才真正能感受到支持與溫暖的環境是現實治療模式的特質。

　　這本書以實務運用來教導你學習和應用現實治療，所呈現的觀念也有助於諮商心理師幫助每一個當事人在每一天的生活中應用選擇理論和技巧。我非常高興能推薦這本書給你並希望你喜歡它。

　　我常常到遠東旅行，如果有機會我甚願去台灣作專題演講，並示範我如何將治療理論和技巧運用在實務工作上。一九七一年，我曾有機會在台灣美國學校研討會中作專題演講。我很期待能再回到台灣看看過去的三十年中都曾發生了什麼。

William Glasser, M.D.
William Glasser 協會
會長及創辦人

Since 1967, 55,000 people all over the world have taken Reality Therapy training through the Institute I founded (*The William Glasser Institute*). As I expand my ideas, I contend that understanding Choice Theory is vital to the process. To learn Reality Therapy you have to learn Choice Theory.

We choose essentially everything we do, including the behaviors that are commonly called mental illnesses. When clients begin to make better or more need-satisfying choices, the symptoms disappear. As you learn more Choice Theory, you will not be able to help learning to teach and practice Reality Therapy. Clients appreciate the warm, supportive environment that characterizes our method.

This book uses a practical approach to learning and using Reality Therapy. It presents ideas that will assist counselors in helping their clients apply the Choice Theory concepts to their daily lives. I recommend this book and hope you enjoy reading it.

Occasionally I travel to the Far East, and if I do so in the future, I would like to stop off in Taiwan to do some presentations and show you how I put my therapeutic theories into practice. I presented there in 1971 at the American Schools Conference and would like to return and see what has happened there in the last three decades.

William Glasser

William Glasser, M.D.
President and Founder
The William Glasser Institure

Peterson 序

和諧關係是美好人生的開始

通常為人寫序總是要在讀過這本書之後；但由於我無法閱讀中文，所以只能藉細讀張傳琳博士的翻譯書目後再為她寫序。當然，基於我對她個人和專業的認知，我非常樂意為我的朋友和同行寫這篇序言。

當她在就讀德州理工大學時，曾接受選擇理論和現實治療的密集訓練，所以她相當了解且有能力去應用 William Glasser 的現實治療。這也給了我絕對的信心，相信她能將現實治療與選擇理論表達得非常清楚。

這本書主要的目的，是協助專業諮商心理師與教育工作者在幫助當事人和學生時，能加強他們現實治療的知識與技巧。不管如何，相信任何人讀了這一本書後，必能幫助他（她）學會更有效的控制自我的生活。這本書最重要的是幫助每一個人能了解自我與他人的關係。如果一個人能在他（她）每一天的生活中運用這些概念與技巧，我確信他（她）一定會更喜愛自己，也更能包容他人，而與人之間的關係也會發展得更好、更快樂。每一個人都會因此而學得更在乎他人和接納他人。

我相信心理諮商與教育界的中文讀者都將會對這本書感到極大的興趣。張傳琳博士所寫的這本書深具增加諮商心理和教育界在心理諮商的品質的潛力，我極樂意推薦她的作品給所有願在自我的生活和專業領域增長者。

Arlin V. Peterson, Ed. D.
Professor, retired Texas Tech University
教育博士，美國德州理工大學退休教授
William Glasser 協會現實治療教師與督導

Normally one would write a preface for a book after reading the contents. However, since I do not read Chinese I will make my comments based on my perusal of the table of contents. Also, I am comfortable in writing a preface for this book because of the high personal and professional esteem I have for my friend and colleague, Dr. ChaunLin Chang.

During her doctoral studies at Texas Tech University, Dr. Chang did extensive training in the concepts of Choice Theory and the process of Reality Therapy. Her understanding of and ability to apply the ideas of Dr. William Glasser's Reality Therapy gives me confidence that this book will explain the principles behind Choice

現實治療法：理論與實務

Theory and the techniques of Reality Therapy in a clear and understandable manner.

The main purpose and focus of this book is to enhance the knowledge and skills of the professional counselors and educators in working with clients or students. However, anyone interested in taking more effective control of his or her lives will benefit from reading the book. The book presents ideas that will help any individual better understand the interaction process between self and others. If a person will apply the concepts and techniques presented to their daily lives, I am confident they will like themselves and their significant others better. The relationships they are engaged in will develop to a higher, more enjoyable level. People can learn to care for and nurture each other.

I am sure this book is a very interesting and useful addition to the literature available to Chinese reading counselors and educators. Dr. Chang has written a book that has potential to greatly increase the quality of counseling and educating in the Chinese community. I recommend her writings to anyone interested in improving their own personal or professional lives.

Arlin V. Peterson

Arlin V. Peterson, Ed.D.
Professor, retired Texas Tech University
Supervisor & Instructor on William Glasser Institute

作者序

　　在美學習心理治療多年，無時不在探討如何能將西方的諮商心理治療理論與實務運用在台灣。直至一九九二年，初次參加了「現實治療」基礎訓練工作坊，接觸選擇理論與現實治療的密集課程，深受吸引，特別是它的快速與有效，以及篤實力行的精神，包容、溫暖與接納的積極態度，不鼓勵回溯過往，而強調面對現實、前瞻未來，選擇為自己的行為負責，並承諾執行自己所定的計畫。現實治療是一個行動力極強的治療方法，我深深以為此法極適合台灣國人的諮商心理治療工作。

　　在研究所時，一直期望能找到自己的諮商信念，也盼望能有機會精研一種學派諮商理論，深以為，若能深研於其原理，又能嫺熟於其治療技巧，將使我能更有效的從事助人工作。正巧 Peterson 博士時為美國西南區 William Glasser 協會督導，他曾親炙受教於 Glasser 多年，深獲真傳，其教學與諮商經驗心得俱豐。因在 Texas Tech 大學求學之便，我得幸忝為其門下，從他連續兩年多接受基礎與進階現實治療師專業訓練，致能更深邃專研現實治療、選擇理論及領導管理技巧。特別是於 William Glasser 治療協會專業實習其間，與當事人的互動和學習，在實際運用中的研討，實受益良多，更為我

從事心理諮商的工作開啓了嶄新的視野。我忝為 William Glasser 協會會員多年，一直深受現實治療的幫助，在我教學與諮商生涯中，不斷運用現實治療幫助我的學生與當事人，常常驚喜的看見他（她）們在生活或行為上的改變，開始願意為自己的改變和抉擇負起責任，滿足自我內在的需求，而能過一個有意義的生活。

一九九三年，曾回國嘗試將現實治療法應用於台灣的大學生，也果真印證了此諮商心理模式在台灣的適用性。一九九五年回國後，發現介紹現實治療的書籍不多，特別是有關其理論近年來的沿革之報導更少，以致多所誤解，而實際上現實治療自首創到現今的發展，在理論架構及方法應用上已有了許多的改變，特別是選擇理論、大腦運作系統理論在現實治療法上的應用，是 Glasser 博士近年來不斷研發和看重的，致使現實治療模式在心理治療上更能有效助人。因此，盼望能將現實治療法的觀念介紹給國人，使之能清楚其沿革，且能更深遠探討其觀念，但願這本書對現實治療的闡釋，能幫助心理、諮商、教育等從事助人工作者，真正了解現實治療法的理論架構與技巧。

在此要特別感謝 Glasser 博士和 Peterson 博士兩位為我寫序，希望能由他倆親自介紹現實治療法，以幫助讀者提高對現實治療法的興趣與了解。尤其 Glasser 博士，當我寫信邀請他為我寫序時，雖然他常忙於世界各地的演講與訓練工作，但他卻即刻回信且不吝賜序，並承諾有機會非常願意來台灣，與喜愛現實治療法的專業夥伴一同砌磋。他的支持與鼓勵，

實也已為現實治療作了極佳之詮釋。因 Glasser 博士強調溫暖、接納、積極的和諧共融關係是人際行為與諮商治療的基礎，他的熱情與關愛已將現實治療的信念再次表露無疑。

所以在此，也願將此書獻給所有心理、諮商、教育等從事助人工作的夥伴，盼望我們能一起為台灣的諮商心理治療工作獻上一己小小的心力，幫助所有需要的人。

當然我要感謝我的同事暨摯友張明敏、劉姿君、蕭伊容、陳美如老師、Rev. Stephen Lee 等的幫忙校對並給與誠摯的建議，若不是因他們的鼓勵與幫助，幾次想要放棄，但終於完成。

最後願將此書獻給我所信仰的上帝，若不是祂賜下能力與智慧，在各種的不可能之中，我實在無法完成這本書。

張傳琳 2003/1/1 晨
寫於台北

目　錄

第一章

現實治療的緣起
與發展

現實治療法：理論與實務

壹、現實治療學派之宗師：
William Glasser

William Glasser，一九二五年出生於美國俄亥俄州的克里夫蘭（Cleveland, Ohio）。早年就讀於當地的克里夫蘭高等中學（Cleveland Heights High School），一九四三年畢業於凱斯工技學院（Case Institute of Technology），時年十九歲，起初擔任化學工程師，繼之又就讀於著名的西儲大學醫學院（Western Reserve University School of Medicine），因他發現其真正之興趣乃精神醫學；二十三歲時成為一位臨床心理學家（Clinical Psychologist）。至二十八歲，Glasser自醫學院畢業後，在退伍軍人中心（Veterans Administration Center, 1954-57）和洛杉磯加州大學（University of California at Los Angeles）接受精神病治療訓練，一九六一年通過考試，成為精神科醫師，並在洛杉磯開業行醫。受訓期間，Glasser逐漸地體驗到所接受的教導——佛洛伊德（Freud）模式，與實際的醫療成功經驗之間，有著很大的差異。當時他的指導教授 George L. Harrington和其任職於Menninger基金會之輔導老師Helmut Kaiser二人，對他有極大的影響。Harrington 鼓勵 Glasser 一起討論精神醫療體系中更實際的治療方法，並將其理念化成實際行動，加強Glasser有關現實治療法的觀念。在幾近八年的相處

3

中，他們兩人從師生關係及至成為同事，Glasser 時常向 Harrington 請教，其現實治療理念亦漸趨成熟。Harrington 對 Glasser 六〇年代早期的現實治療理念之發展幫助很大。而 Kaiser 則在處理與當事人的關係上有特別的見地，影響 Glasser 開始看重「心理治療中諮商心理師與當事人間的平等對待關係」，以致 Glasser 後來強力主張：唯有在溫暖、積極、真誠、接納，與不責備、不放棄的治療情境中，才能更有效地幫助當事人重新獲得能力以滿足自我的需求，而能過一個有意義的生活（Corey, 1991; Glasser, 1965; Treadway, 1971；曾端真，2001）。

一九五六年，Glasser 任教於溫特女子學校（Ventura School for Girls, 1956-67），該校是加州處理少年犯罪的機構，當時 Glasser 亦在洛杉磯整形外科醫院（The Los Angeles Orthopedic Hospital, 1957-66）中工作，專事外型受傷而有心理困擾之病患。他從其中獲得許多專業經驗，特別是肌肉—骨骼疼痛和下背疼痛皆多所獲益。由於 Glasser 從事犯罪青少年的更生諮詢工作，因而更確認古典精神分析理念與技巧在現實生活中並不實用，促使他開始發展與實驗在許多方面與佛洛伊德精神分析不同的方法和技巧。Glasser 反對佛洛伊德將精神病人認定為無用者；他認為人應對他們選擇的行為負責。Glasser（1965）表示：「人對自己的行為不能負責，是因為有『病』；而人有病，是因為對自己的行為不負責（p.16）。」Glasser（1965）主張不負責任是需要被治療的基本原因。

一九六一年，Glasser 的第一本書《心理健康或心理疾

病？》（*Mental Health or Mental Illness?*）出版，其中闡述了
Glasser的初步現實治療觀念和基本理論，也奠定現實治療的
發展根基。一九六五年，Glasser出版《現實治療法》（*Reality
Therapy*）一書，書中更明白闡述他的現實治療基本理念——
即人需要為自己在生活中所作的選擇負責。因為Glasser認為
每一個行為的決定都是經過大腦的判斷和評估，人所選擇的
行為在當時都被認為是最好的抉擇；而這些行為的選擇是為
了滿足自我內在的需求（Glasser, 1984, 1989）。另外，Glasser
再次闡明只有在溫暖的、積極正面的、接納與尊重的，以及
鼓勵而非懲罰性的治療情境中，人才能學習做更好的選擇，
也會以更負責的方式去過自己的生活。

　　一九六七年，Glasser於洛杉磯創立了「現實治療協會」
（Institute For Reality Therapy），而今現實治療名聞於世，有
超過五萬五千人受到現實治療理論與方法的訓練。Glasser自
任會長以來，即從事現實治療理論與方法的訓練推廣工作，
後來該協會改名為「William Glasser協會」（The William Gla-
sser Institute）。其分會「教育者訓練中心」（Educator Training
Center），專門訓練從事於教育的工作者如何運用現實治療法
促進教育功效（Glasser, 1984）。因此，一九六九年，Glasser
出版了第一本在教育上的重要著作《永不失敗的學校》
（*School without Failure*），他在此書中將現實治療的基本理
念實際應用在學校中，有助於了解如何學習師生間彼此的互
動關係、幫助學生將在校所學的知識運用在生活中、指出學
校通常有哪些做法會導致學生產生失敗認同（failure ident-

5

ity），及如何改變這些做法，使其能形成活潑的學習環境，發揮最大的學習功能（Glasser, 1969, 2000）。

一九七二年，Glasser又出版了《認同社會》（*The Identity Society*）一書，奠定了「控制理論」（Control Theory）的基礎，此理論除了說明個體應如何發揮個人心理與生理的功能之外，並討論團體應如何運作，以及如何發揮社會的功能。控制理論是Glasser受到William T. Powers著述《行為：知覺的控制》（*Behavior: The Control of Perception*）一書很大的影響。當時Glasser強烈反對刺激—反應說（Stimulus-Response Theory），他反對人的行為是受到外來刺激的影響，認為人的行為並不是被外在事物所操控，而完全是因自我內在的力量所激發，所有的行為都是企圖來控制自我的需求，以致能滿足自我，過更豐富的生活（Powers, 1973; Cockrum, 1989; Corey, 1991; Glasser, 1984, 1989）。至一九八五年，Glasser出版《控制理論：一個有關我們如何控制我們生活的新解釋》（*Control Theory-A new explanation of how we control our lives*）一書，更清楚闡明他這一新理論及其觀察。在Powers書中所敘述的理念，對Glasser的觀念給與極大的支持（Cockrum, 1989）。因此，當控制理論被引用在現實治療中運用時，促成了更有力量、更有效的治療方法（Cockrum, 1989; Corey, 1991; Glasser, 1989）。一九九〇年，Glasser出版《優質學校》（*The Quality School*）將控制理論運用在學校管理上的延伸；而《控制理論經紀人》（*Control Theory Manager,* 1994）則是應用在企業管理上的擴展。

6

一九九八年，Glasser 出版《選擇理論》（*Choice Theory*），將一九七九年以來所沿用之控制理論改為選擇理論，因他不願見他所強調的內控心理學被誤解為外控心理學，而提出了選擇理論。並清楚闡明有效控制必須建基於共融的關係，選擇控制與處罰只帶來更無效的行為；Glasser 指出，只有在共融的關係中才能有正確的選擇。二○○○年又出版《現實治療實務應用》（*Reality Therapy in Action*），說明如何將選擇理論與現實治療法應用至心理諮商實務上；以實際的例證說明，並教導人如何將現實治療的方法與技巧運用在各種生活層面的衝突中，幫助其面對與解決問題，建立和諧的共融關係，以致能更有效的選擇有效控制，過一個有意義的快樂生活。

自六○年代迄今，四十多年來，Glasser創立 William Glasser 協會，目的即在於期望經由此機構將其理念散播至全世界。其妻 Naomi 是其事業上的好幫手，與之育有兩位子女，曾編著《你在做什麼？──人如何藉由現實治療獲助》（*What are you doing：How people are helped through Reality Therapy*, 1980）。Naomi 病故後，Glasser 續弦再娶工作上的夥伴 Carleen Floyd，他們的婚姻使兩個人的生活與專業工作結合，因 Carleen 對學校教育的興趣，兩人將選擇理論運用至教育中，共同開創優質社區的理念，在學校和社區教導人學習運用選擇理論建立人與人之間的親密共融關係，也為現實治療開創了一個新的里程碑。二人現與兩繼子同住西洛杉磯 Brentwood 區域。Glasser 年輕時最大的嗜好是滑雪和航海，現在最愛的運動是

網球；Glasser 更喜愛閱讀，最大的娛樂是劇場文學。

Glasser 一九七○年已榮登美國名人榜（Who's Who），一九九○年更獲得舊金山大學人文學者榮譽博士（An Honorary Doctor of Humane Letters from The University of San Francisco），並擔任加州大學北嶺分校助教授（An adjunct professor at California State University, Northridge）。目前已從私人診所退休，專事寫作。他時常在國內外演講與主持研討會，教導如何將選擇理論與現實治療法應用至心理諮商與精神疾病治療實務上，幫助人了解如何運用現實治療的技巧與方法，來面對生活層面中的各種問題。Glasser 的演講總是風趣動聽、充滿歡笑，因為他相信愉快的學習是一種最好的學習方法。

由於其理論淺顯、方法簡明、效果卓著，自 Glasser 發表「現實治療」以來，舉凡老師、家長、學校行政人員、觀護員、精神科醫師、社會工作者，或心理師、諮商師等，無論在臨床工作上或現實生活中，不管是教育問題、心理困擾，或是精神疾病，現實治療都能極有成效地被應用於助人的工作中，因此，現實治療法很快地在心理治療領域中迅速崛起而成為廣受歡迎的一個治療模式。特別在青少年工作以及在軍中的臨床治療中，有百分之九十以上利用現實治療法做為治療酗酒及吸毒者的主要方法，且效果卓著（Corsini, 1984），故現實治療法在心理治療領域中的地位實毋庸置疑。現實治療不只在美國有極廣泛的成長，更在世界各地皆受到廣大的歡迎。

貳、現實治療之興起

William Glasser 早期擔任精神科醫師時，非常不滿他所受
教的治療理論和方法——特別是當時精神科醫師所認定的觀
念：有心理困擾的病人沒有能力為自己負責（Glasser, 1965），
以致後來 Glasser 創立現實治療的理論和技巧——即後來被稱
作「現實治療」的心理治療法。

Glasser 在醫院開始精神科住院醫生的訓練，一直接受傳
統的心理分析治療（Psychoanalysis Therapy）訓練，但他發現
這種治療的方法效果極低，因傳統的精神分析治療曠時又費
事，許多病人在延續兩、三年的治療中，不斷地回溯童年的
遭遇與經歷，卻無法幫助他（她）們改變病情或現行的偏差
行為，使 Glasser 備感困擾與失望（Glasser, 1965）。

Glasser 反對佛洛伊德將精神病患者認定為生了病的無用
者，將他（她）們當成過去創傷中的無辜犧牲者，認為既然
他（她）們無法控制那些外在的力量和環境，當然他（她）
們亦無法為這些影響他（她）的事件或環境負責。Glasser 認
為心理分析治療只是不斷地重述導致病患心理疾病的外在事
件與人物，而未能幫助他（她）們學習面對問題和導致他
（她）們產生困擾的因素。再者，Glasser 認為心理分析治療
雖然讓病患能洞悉其潛意識中所呈現的心理困擾，認為透過

9

治療歷程能使他（她）產生覺察而進行轉移作用，並獲得解脫，但在改變他（她）的病情或現在的行為上，卻無能為力或無法在短期內達成，使 Glasser 更確認古典精神分析理念與技巧在現實生活中並不實用，促使他開始發展與實驗不同於佛洛伊德精神分析的方法。Glasser 認為，也許這些分析討論挺有趣的，但是實際上對病患卻沒有什麼功效，甚至會使病情變得更糟，因為藉著心理分析治療過程之助，病患覺察到這些不能改變的力量與環境是他（她）所無法控制的，病患將更不能對其行為負責（Corey, 1991; Glasser, 1965, 1989）。

Glasser 不滿意心理分析的做法，他認為人應對他們選擇的行為負責。Glasser 指出人不能對自己的行為負責就是因為有「病」，而其病因就是對自己的行為不負責。因此，Glasser 主張不負責任是需要被治療的根本因素。Glasser 主張所有的人都當為自己的行為負責，不能用「病」來作為不負責任的藉口。Glasser（1965）認為負責任的行為是能「滿足一個人基本需要的能力」（p.16）。因為，人為滿足自己基本的生理或心理需求選擇適當的行為，所以，人不肯為自己的行為負責，可能是為了逃避責任，或是假裝生病以躲避面對問題的困窘，又或用生病作藉口以致無需承認自己的無能，避免面對無法解決問題的痛苦。人所選擇的行為，在當下都被認為是最好的抉擇，因 Glasser 認為每一個行為的決定都是經過大腦判斷和評估，然後才被選擇來滿足自我內在的需求。人既不想面對困擾，就乾脆逃避，以為躲在「病」的面具後面，就可以逃離而無需面對解決問題的困擾（Glasser, 1965, 1984,

1989）。

Glasser的許多疑問來自處理當事人的經驗，特別是Glasser
在擔任溫特女子學校的顧問時，在實際治療的工作中發現那
些受管訓的不良少女都被當成是有情緒困擾的人，因此使得
她們自認為毋需為其觸犯法律的行為負責，如此，她們的行
為將難以轉變，因她們可以用情緒困擾當作藉口來逃避責任。
這個發現使Glasser更堅定現實治療的理念。Glasser又發現他
的老師們也並未依照心理分析的方法去進行治療，常常他們
所教的與實際處理當事人的方法並不一致。反而老師們所用
的治療方法和他醞釀出的現實治療法觀念比較接近，因此，
Glasser脫離了心理分析治療的領域，專心致力於發展和實驗
現實治療法的技巧。

Glasser 的指導教授 George L. Harrington 同樣是對傳統的
精神分析產生懷疑的老師，Glasser 時常向 Harrington 請教並
一起討論，對他早期的現實治療理念發展幫助極大。至此，
Glasser的現實治療理念亦漸趨成熟，Glasser將之化成實際治
療的行動，從實際的治療經驗中證實現實治療法的成效。

當時 Harrington 之輔導老師 Helmut Kaiser 亦對 Glasser 有
相當之影響。Kaiser 看重心理治療中的平等對待關係，他認
為真誠的接納可以贏得當事人的信任，使當事人獲得安全感，
而能加速增進彼此互動的關係以達到治療的預期效果。Glasser
深受 Kaiser 影響而開始極力主張：惟有在一個溫暖而完全接
納的積極治療環境中，才能更有效的幫助當事人。Glasser 發
現有效的治療絕不可能發生在一個負責任的諮商心理師和一

個不負責的當事人中間（Glasser, 1965）；只有當諮商心理師與當事人間建立起一種安全而信任的互動關係，就能藉著這支持的關係幫助當事人產生能力，學習滿足自我的需求——這關係可能是當事人一生中第一次經驗到接納與滿足。而這平等對待的關係，亦可使當事人經驗到諮商心理師的接納、包容，而使其易於學習滿足在真實世界中之需求（Corey, 1991; Glasser, 1965; Treadway, 1971）。

Glasser（1990）闡明現實治療法是一種不斷前進的歷程，又稱為「行動的治療法」（Doing Therapy）。他指出，設立良好的輔導環境，才能建立和諧輔導關係，使當事人確信他（她）們能得到確實的治療；諮商心理師必須真誠地表達他（她）們協助的意願，使當事人產生安全感。他認為諮商心理師真誠和接納的態度，可以使當事人之歸屬需求得到滿足，而願意說明自己的問題來請求幫助。

只有當確定建立了良好的治療環境和關係後，才能開始正式療程，當事人才能產生能力，幫助當事人願意去探索自我的困擾，有效制定行動和計畫來解決問題。Glasser 相信輔導的藝術是在編織這兩個步驟成為一致，幫助當事人運用此歷程，直到當事人得到有效的改變；認識自我的需求，對自己的行為負責，改正自我觀念，進而能評估自我的生命，及選擇更有效的行為，過一個有意義的生活（陳志賢，1997）。但在這個過程中，諮商心理師沒有固定的治療計畫，純以當事人的需要為優先考量，諮商心理師唯一所做的是幫助當事人發展一個可能發展的計畫，幫助當事人達成有效的控制，

以改變所期望改變的行為。一個有效的計畫是簡單、易行，和可測量的。

　　當事人與諮商心理師的關係，必須不斷保持在一個完全接納、溫暖、正面，和積極的治療情境中。而「環境」與「療程」這兩個步驟在治療的關係中，同時間會因當事人與諮商心理師間的互動關係、輔導技巧與問答模式，不斷地交互循環、運作。但是，諮商心理師必須不斷地鼓勵當事人，幫助他（她）去執行所擬定的計畫，並不因挫折而放棄嘗試的機會，更不接受任何的藉口，直到當事人的問題達到解決（Wubbolding, 1988）。

　　一九六○年，Glasser 推出了第一本論著《心理健康或心理疾病？》書中即闡釋其對心理疾病與心理健康的論點。他認為心理疾病是自我（ego）功能不良所導致，諮商心理師的職責就是有目的地幫助當事人恢復自我的功能。只有自我功能健全的人，能在現實環境下合理地滿足自我心理的基本需求，而當人能滿足自我的心理需求時，才能感到快樂與幸福。

　　一九六一年，Glasser 三十六歲，首度被邀請至紐約聞名的 Corning 研討會（Corning Conference, New York）對五十位專家演講，在公開演講中介紹了現實治療法的新觀念，獲得熱烈的回響，逐漸影響許多人開始懷疑那些不要求當事人負起生活和行為責任的治療方法之功能。及至一九八八年，該協會甚至接受挑戰，為 Glasser 在 Corning 這地區設置「Corning 選擇社區專案」，教導全體居民選擇理論，並期望能達成建立一個優質社區的目標——除了吸引許多社區羨慕的眼光，

也讓人密切地觀察其發展。

Glasser之後又把現實治療法的觀念介紹到英屬哥倫比亞感化學會，並以「現實治療法」名之。一九六五年，Glasser出版《現實治療法》一書後，現實治療法遂廣受大眾歡迎，並被公認是一種有效的心理治療法。

參、現實治療之發展與延伸

現實治療法自從Glasser的《現實治療法》問世迄今，一直被公認為是一種很有效的心理治療方法。

一九七〇年代後期，Glasser在現實治療中加入了控制理論（Cockrum, 1989）。Glasser以「控制理論」來解釋人的行為，認為人的行為並不是受外在的事物所刺激而操控，行為的產生完全是因為自我內在的力量所激發，所有的行為之所以被選擇都是企圖來控制個人內在的基本需求，以致能滿足自我，過更豐富的生活。他極反對行為主義所主張的刺激—反應說，認為行為的產生是來自內在需求而非外在刺激。如前所述，Glasser的控制理論之觀點是受到 William T. Powers的觀念所影響，他認為行為是受內在知覺控制的。Glasser將控制理論介入現實治療法，隨後，一九八五年，《控制理論：一個有關我們如何控制我們生活的新解釋》一書出版，將Glasser現實治療的觀點形成系統化的理論。Glasser藉由Powers

的觀念，假設人的大腦好像是一個控制系統，行為的產生是人在試圖控制感覺系統以滿足心理需求時，所產生的反應方式。他解釋人如何將頭腦當作控制系統來運作，認為人因有自我內在的基本心理需求，為滿足這些需求，遂在腦海中的優質世界裡形成一些滿足內在需求時的圖片；所有因應的行為都是人為了嘗試控制外在真實世界以滿足內在需求而決定的。在真實世界中產生的經驗，經由知覺系統中價值和知識過濾器的澄清、評估，亦會在感覺世界中形成圖像，並經由比較區與優質世界中所儲存的圖片比較，然後抉擇適當的行為以滿足這些需求；因此，所有人的行為都可經由大腦的控制、比較，及學習而改變（Glasser, 1989；黃雅玲，1992）。

繼之，一九八六年 Glasser 又專著《控制理論在教室中的應用》（*Control Theory in The Classroom*），將他的控制理論運用於教育工作，並闡述如何在教學中運用控制理論，希望幫助學生皆學得知覺控制的觀念，使人人皆能過著成功與幸福的生活；再加上其之前所著的《永不失敗的學校》（Glasser, 1969），Glasser 對於學校教育及青少年的關切實可見於其論述之中。Glasser 期望能藉著其控制理論與現實治療的觀念，幫助學生從學習中獲得滿足感，了解行為是可以因學習而改變的，只要願意「選擇」努力學習，改變行為滿足自我，就能過更豐富的生活，而不是由命運所左右（Glasser, 1986）。

又，一九八九年 Glasser 的妻子 Naomi 編著《控制理論在現實治療中的實施：個案研究》，這本書更將控制理論應用於各種不同的生活情境中，包括兒童、青少年、亂倫受害者、

受虐兒童、服刑者，以及厭食症、貪食症、肥胖症等等。使現實治療成了更有力量、更有效的治療方法，不僅應用於臨床的實務應用，更將知覺控制的觀念，用之於教育、生活，以及助人關係中（Cockrum, 1989; Corey, 1991; Glasser, 1984, 1989）。

Glasser 於一九九八年將控制理論改名為「選擇理論」，因其認為選擇理論比控制理論更能表達正向積極的感覺（周庭芳，2000），而且較能正確的幫助人學習揚棄外在控制，而以選擇理論來代替有效的控制行為。Glasser 認為行為是可以有主動選擇性的，人可以自己決定是要選擇達成滿足自我需求的行為，或放棄自我讓自己陷在一個孤立痛苦的生活中；人也可以選擇過一個消極苦悶，或是過一個積極快樂的生活（李茂興譯，1996；廖鳳池，1997； Glasser, 1997）。Glasser 指出，在現實生活中，人與人的互動是綿密而緊湊的，在互動中，並非所有經驗都是正向的，常會因為別人的舉動而影響到情緒的起伏，如戀愛時覺得快樂是因為感到被愛；吵架時感到很難過則是因為對方的行為或語氣惹自己生氣。Glasser 認為在教導選擇理論時，最難讓學習者接受的部分是我們所能掌控的只有自己的行為（Glasser,1997），例如在學校，當學生上課意願低落、學業成就低或有一些偏差行為出現，學校採取高壓強制的學習與管理方式因應，希望能達成管理或改變其在學校的不適應。因為校方認為：若校方未提供合宜適當的環境讓學生來學習，將造成學生會歸咎於外力讓其表現不佳，因此推卸責任進而不願以有效的行為來滿足自己的

需求。所以，若能讓學生願意為自己做一些改變、願意主動學習，則管理者與教學者不能應用刺激－反應理論與學生相處，因為懲罰獎賞的效果都是短暫的，取而代之的是要讓學生能感受到關懷，並提供使自我潛能發揮的學習環境，讓學生也能把與學校相關的人、事、物皆放進其腦中的相片簿，成為學生內心優質世界一部分；也就是說學生與管理者雙方都必須對自己的行為負責任，並選擇有效的行為滿足自我（周庭芳，2000）。Glasser（2000）指出，和諧共融的關係有助於鼓勵人選擇正確的行為，所以建立和諧共融的關係是有效控制的基礎，而當人有能力選擇有效行為時，才能過一個有意義的滿足生活。

當我們能領會 Glasser 對人格、心理需求、行為，及其對教育、社會之觀點後，才能了解現實治療法每個步驟的意義，進而能加以靈活運用於助人過程中。

現實治療法：理論與實務

第二章

現實治療之理論基礎 I

負責、基本需求與選擇

現實治療法：理論與實務

「精神疾病的成因為何？什麼人需要精神治療？」Glasser（1965）主張「不負責任」是需要被治療的基本原因。他指出：

> 因為這些人不能滿足他（她）們自我的內在需求！他（她）們拒絕面對環繞他們的真實世界，拒絕社會共同的遊戲規則。他（她）們因為無法履行當盡的義務，使他（她）們被朋友唾棄；……他（她）們寧願選擇放棄、不肯盡責，甚至寧願自殺，而不願努力改變現狀，盡力面對困難，努力去解決他（她）們的問題……大部分的精神疾病，都起因於逃避現實與不肯盡責（p.6）。

一個人要如何才能滿足他（她）的自我內在需求？Glasser（1965）認為：

> 只有當一個人能為自己所選擇的行為負責，能夠放棄自我主觀意識，不再拒絕去面對環繞他們的真實世界，了解他（她）必須是實際的、負責的，並確實地滿足他（她）自我的內在需求時，治療才會有效（p.6）！

一個不負責的人，常無法真實面對他們所面對的世界，也拒絕面對現實。因此，現實治療法所主張的就是：以一種

實際有效的治療方法，幫助當事人面對現實，認識自我現況，學習為自己負責，不再拒絕面對真實世界，也不再拒絕面對自己的責任，學習面對問題、解決困難，才能有效滿足自我內在的心理需求（Glasser, 1965）。

Glasser（1965）主張，只有當一個人能夠面對現實，選擇用負責的行為去滿足此時此刻的需求時，才有能力過一個有意義的生活。當遇到困難無法作選擇時，必須能考量現實層面中的需要，找出困擾的原因，選擇負責的行為，並以正面積極的態度面對困難、解決問題，滿足當下自我的需求，如此才能真正過一個有意義的生活。Glasser 認為，大多數的人在遭遇挫折時，常常是以否認現實世界或反抗現實存在的方式，來滿足自我此時此刻的需求，例如：精神病患者以脫離現實感、生存在自我的世界中，逃避為自己的行為負責。又或，不良青少年沉溺於自我的滿足，以吸毒、違紀等違法行為否認現實世界與反抗現實存在。還有，諸如胃潰瘍、心悸、腹瀉、頭痛、腰酸背痛等生理病症，也都是因承受不了現實世界過度的壓力，而將心理上的症狀反映在身體上（Glasser, 1965, 1984, 2000a），若一個人肯面對自己身體症狀的反應，以負責的態度面對生理上的病症，以有效的方法處理這些病症後的影響因素，就不會再延續身體上的病痛。

因此，現實治療是為幫助一個人在現實世界中，有能力用負責的行為來滿足自我需求，而非以逃避和反抗現實的行為來代替。以下將闡述現實治療中的主要基本概念：負責。

壹、負責

Glasser（1965, 1984, 2000a）指出「負責」是現實治療法中極為重要的概念。負責的行為，是指一個人滿足自我心理基本需求的行為能力。Glasser（1965）說：

> 負責任的人，是能愛人也能接受愛的人。一個負責任的男人，能夠接受他女友的愛，也能以愛回報女友；當他（她）無法接受對方的愛之時，必能清楚地回絕；反之，若利用女友對他的愛作為獲得個人性滿足的男人，則是不負責的。負責的人，無論對人或對己，都能自覺自我的價值感。他（她）總是會辛勤地、努力地追求價值感；他（她）做事時，必定會盡力去達到標準，並以此來衡量自我價值。反之，不負責的人，不會在乎自己的努力與否，也不重視自己的感受，他（她）無法得到別人的尊重，更無法得到自我的尊重。這種不負責的人，終將為自己及他人帶來痛苦（pp.15-16）。

Glasser（1965）以「負責的人」與「不負責的人」來區分正常的人與精神病患；主張以「負責」代表心理健康，以

「不負責」來表示心理疾病。 Glasser 摒棄了「精神病」或「神經病」的分類方式，他認為將精神病患貼以精神分裂症的標籤，只有加重其心理問題的複雜性。他指出：這些不負責的人只不過是缺乏滿足需求的能力罷了，心理治療的作用就是在幫助他（她）們學習以負責的行為來滿足自我需求。他認為：負責的人是一群能滿足自我需求的人，而精神病院中的患者，則是一群不能負責的人，他（她）們以不適當、不合於現實的方法來滿足自我需求（Glasser, 1965, 1984）。Glasser 又指出另一種不負責的人，如納粹及政治野心家，這種人很難被社會所接受，因他（她）們只會造成他人的痛苦，也無法真正滿足自我內在需求，這種人是把自己的價值感建築在別人的痛苦上；這種人是以不負責的行為來滿足自我的需求，但又無法察覺自我不負責任的行為，以致很難藉由心理治療的方法幫助之。

Glasser（1965）認為，人並非天生就知道如何以負責的行為來滿足自我需求，他說：「如果負責是天賦能力，就不會產生心理困擾，也不會有那麼多的精神病患」（p.16）。滿足自我需求的能力，是藉著「學習」而來的，雖然滿足自我需求不是一件容易的事，但是，大多數的人都會藉著彼此學習、互相關愛來促進此經驗與能力。

因此，教導「學習責任感」是非常重要的工作，因為只有人了解自己的責任，才會努力去滿足自我的需求。Glasser（1965）以一種野生狼狗「郊狼」為例，說明教導「責任」的重要，他說：母郊狼幾乎在小郊狼一出生，就教導牠學習

自我保護和維生的能力，牠們會用盡一切生理上與心理上的本能自我保護，學習避開一切危險。而小郊狼在成長的過程中也一再證明牠求生的能力，因著曾被訓練的自我保護能力，無論在多麼惡劣的環境中，牠都能隨遇而安，生存下去！可見學習和訓練「對自己負責」是多麼的重要。Glasser（1965）闡釋：

> 負責，本應是人類應該具有的生活能力，也是必須學習的行為。孩子從小自其父母的身上學習責任感，從父母為他（她）所盡的養育之責，及呵護關愛的關係中學習負責的行為，父母因為愛他（她），盡了一切餵養、撫育的責任，保護他（她）、哺養他（她）。孩子從父母那裡學得盡責，也從身邊肯負責的親人或師長們的教導中學得負責的行為。這些負責的父母與親友不斷地創造機會，在關愛與操練中逐漸地幫助孩童明白負責的重要，也學會盡責。
>
> 人若沒有機會在年幼時從親密關係中學得愛與責任，終其一生將無法脫離痛苦，因他（她）將無法滿足自我的內在需求（p.19）。

Glasser認為責任感的培養愈早愈好，就像學盪鞦韆、餐桌禮儀、語言文法，早期學習勝過了成長後的學習。雖然在任何的年齡階段都可以學習負責，但早期的學習是比較容易

的，就像從小就培養閱讀能力，將比上了大學後才來學習如何研讀輕鬆容易多了！負責的行為，也應是自小在家庭、在學校中學習的，從負責的父母身上學到負責的行為是最好的，因他（她）們能以愛心和耐性來訓練孩子，讓孩子能在一種正面積極的關係中學習負責。大多數家長都同意要小孩學習負責並不是件容易的事，小孩不易了解其內在需求不是唾手可得的，因此往往不顧現實，也不接受父母的教導，孩童更常會以不負責的行為來「考驗」父母。例如：孩子常會故意違背父母的要求，諸如，答應幫忙負責家事——洗碗、倒垃圾、照顧弟妹等，卻臨時推託；或因拖延未能按時完成家庭作業，卻責怪老師給太多功課；或不服管教，卻指責父母不公平等等。及長，當他（她）們了解現實的困難，也知道在現狀中可能遇到的困境，才明白當年父母教導的苦心與耐性。雖然如此，父母仍須以愛心來訓練孩子，使他（她）們先改變行為，這樣也可讓孩子從中明白父母對他們的重視。小孩必須先感受到雙親的關心後，才能接受父母的訓練並學習到負責的行為，因為 Glasser（1965, 2000a）認為，人只有在溫暖、積極正面，和被接納的環境中，才有能力改變自我，也才有能力滿足自我內在的基本需求與負責的關係。

貳、基本心理與生理需求

　　滿足自我內在的基本需求（basic needs）既然是每一個人所應盡的責任，那麼如何才能滿足自我內在的基本需求？什麼又是自我內在的基本需求呢？

　　Glasser（1984, 1989）認為：人的每一個行為之決定，都是經過大腦的判斷和評估，然後才被選擇來滿足自我內在的需求（圖2-1）。他不相信人的行為產生是來自外在環境的影響，他反對行為主義所主張的刺激－反應說，他主張行為的產生是來自內在的需求，因此，人所選擇的行為都是為滿足自己基本的生理或心理需求。例如，人之所以選擇不闖紅燈、不穿越馬路，或選擇走人行陸橋，是因為自己遵守交通規則的好習慣？良好守法行為？害怕警察？抑或為了本身安全考量？當我們仔細思考，會發現人之所以選擇不闖紅燈，最主要是因為求生存的「內在」本能需求，怕危險，而選擇不隨意穿越馬路；並非如一般認定是歸因於遵守交通規則的「外在」好行為，或是受到制約行為的影響。最主要的原因是看見紅綠燈的標誌，為求生存，而出現保護自己的自然反應。又或當電話鈴響時，人選擇接聽電話，可能是因為友誼的需求，而有強烈的慾望想對某人說話，需要滿足愛與被愛的歸屬需求，或是為滿足被肯定與被讚許的成就需求，期望感覺

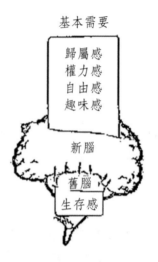

基本需要

歸屬感
權力感
自由感
趣味感

新腦

舊腦
生存感

圖 2-1　人的基本內在需求：生存感、歸屬感、權力感、
自由感、趣味感（Glasser, 1990）

到自己是被看重的、是具有價值的人，並非因電話鈴聲響起
的刺激才接電話；所以，選擇是因內在控制而非外在控制，
但是，無論如何，人所選擇的行為，在當下都被認為是最好
的抉擇，因為這樣的選擇是為滿足人的基本內在需求。

　　人的基本內在需求到底是什麼？Glasser（1965, 1990,
2000a）指出，人除了有基本的生理需求：生存（生存與死
亡），尚有四種基本的心理需求：歸屬感（愛與被愛）、權
力感（成就與價值）、自由感（移動與選擇）、趣味感（學
習、樂趣與運動）。以下將逐一詳細說明：

基本心理與生理需求

Glasser（1965, 1990, 2000a）主張人同時有生理和心理的基本需求，不分性別、種族和年齡。中國小女嬰與瑞士小男嬰為了生存，同樣需要食物、溫暖和休息，來滿足他們的生理需求。當一個人的內在基本需求無法被滿足時，就會造成心理或精神上的困擾，遂而造成心理或精神上的疾病；諸如：由飢餓帶來對生存的恐慌、對死亡的懼怕，引起極度的不安全感，可能造成心因性恐慌症；因戰爭、強權造成失去家園的失望與挫折，會影響心理上愛與被愛的歸屬的需求，會引起對失去家園所帶來之危機感，或因家人失散的痛楚帶來的絕望，以致對被愛、被保護的歸屬需求急遽渴望；或因事業失敗、物質匱乏，和失去地位、權力的失意與絕望，帶來對權力掌控的急迫感；甚或競爭的劇烈，亦會影響到權力的消長，和造成害怕權力被奪的隱憂。又或因恐於失去自由的壓力，擔心失去人生應擁有的樂趣、歡愉的生活、生命的價值感等。這些都在在引起心理焦慮、擔憂和恐懼，以致造成生理上的症狀，引起失眠、心慌、飲食失調、頭頸肩背酸痛、精神官能症等等；而這些生理上的疾病又會造成心理的沉重負擔，繼而引發更多生理上的困擾，使生活愈加混亂，終至造成了心理與精神上的疾病。

Glasser（1965, 1990, 2000a）強調現實治療法的總目標，

29

是在幫助當事人學習各種方法，以重新取得對生活的控制權，並能過更令自己滿意的生活。因此，在治療過程中，諮商心理師必須協助當事人找出最有效的方法，以滿足其歸屬、權力、自由、娛樂等基本內在需求，不再讓「自我拒絕」的行為存在其未來的生活中，進而過一個滿足的有意義生活。

Glasser 認為：一個精神病患者或一個犯罪少年，縱然他（她）們身陷劣勢，只要他（她）們肯面對現實，不再拒絕面對問題，學習處理他（她）們的困擾，了解造成困擾的原因和事實，學習認識他（她）們真正的內在基本需求，找出有效的方法滿足這些需求，必能重新過一個有意義的生活。例如：一個胃潰瘍的病人，若是他（她）不能面對現實，不能面對胃潰瘍的生病事實，或不能找出造成胃潰瘍的原因以滿足「了解成因」的需求，就依然無法得到痊癒；抑或，若他（她）不能面對無法得到痊癒的事實，拒絕接受現實——胃潰瘍是因他（她）的身體無法承受多重壓力所造成的事實，學習紓解壓力的方法，他（她）亦永遠走不出困惑，無法與現實共存，滿足內在需求，而能為自己創造一個有意義的生活。

Glasser（1965）說：「若人無法自助，不願自我面對困難，滿足他（她）自我的內在需求，沒有人能幫助他（她）滿足他（她）的內在需求（p.9）。」因此，了解生理與心理的基本需求是現實治療法極為重要的課題，這五項生理與心理基本需求是使人足以存活的生命力，所有人皆需仰賴它們而活，一一詳述如下：

㈠生理需求

　　活下去是生存的驅動力（Glasser, 1984），這個活下去的驅動力存在於人類最深層基因的核心中，似乎在不斷的催逼著自己，不斷喚起人最深層的專注，用盡全力去完成它，使它能達到完全的滿足。就好像人必須呼吸才能活下去，所以，人身體中的呼吸器官會不顧一切的運轉，不停的呼氣與吸氣，直到能夠從空氣中吸入足夠的氧氣，提供了繼續不斷存活下去的條件，使人能夠生存。Glasser（1984）說：這些在人類大腦中不斷運轉進行的部分，稱之為舊腦，舊腦受到不斷的刺激，產生自然投射的生存反應，以維持著人的身體健康和正常生存功能的運作。但有一些是舊腦的功能無法顯著有效運作，或無法提供身體需求的，大腦中的另一部分就會開始運作，一般稱為大腦皮質層，Glasser 又稱為新腦。新腦接獲「幫助我」的訊號，就會即刻反應，提供所需的功能，正像是人意識層的一連串運作，例如：人生理上的自然慾求，像食物、空氣、溫暖和性等。當身體產生這些需求時，舊腦就會將這些訊號傳向大腦皮質層（新腦），人即刻就會意識到飢餓、寒冷、窒息，或性慾，人也就會想盡辦法去滿足這些急迫的生理需求。一但這些需求滿足了，人就不會再注意或理會這些需求，轉而注意其他的需求，除非再發生這些生理的需求時才會開始運作。所以，生理的需求包括了生存與身體的各種需要，而這種需求不停的運作，也延續了人類生存

的動力。生理需求包括了身體的需求和生存的需求：

1. 身體的需求

　　生理上對食物、溫暖和休息等等的需求是一種生命的自然反應，存在於人的腦中，幫助人身體的功能可以繼續運轉和保持健康，諸如：呼吸、流汗或血壓等基本的身體功能，維持著人身體的健康以致能繼續活下去。通常當身體遭受任何的侵犯，大腦會自然反射應付侵襲，甚至全然無從察覺。例如當一種鏈鎖狀球菌侵襲人的喉嚨時，大腦會立即自動地運作免疫系統，應付細菌的攻擊。又如當人在運動時，大腦亦會立即自動地運作心臟功能，增加心跳的頻率，以幫助人可以獲得足夠的氧氣，而能繼續生存。身體中許多生存的運作，都在大腦的自然反應中默默進行，許多的活動都是在人無從察覺的狀況中反覆地運作。

　　求生存是與生俱來的，是無法選擇的，是人生理自然的反射作用，必須能夠即時的滿足。就像餓了或渴了，生理上自然就會產生飢餓感；又或運動時，身體自然會提供所需要的氧氣。當人在需要時，生存的本能會立刻發揮作用，大腦會刺激產生自然生存反應，如吃、喝、呼吸、排泄，或各種生理的自然反應，提供身體所需的養分與氧氣，幫助人生存下去，這些即稱為身體的需求。

2. 生存的需求

　　生存與死亡，是人必須經歷的，求生、怕死是人自然的

反應，而這些需求正是驅動行為的強大力量。Glasser（1984）說：「人不只需要存活，更需要能過有意義的豐富生活。人體中的基因，就像一串生物的結構，不斷地在連鎖運作，盡一切去理解人的生理需求，並照顧著人的各種生存和身體需求（p.7）。」因為，人類生存的需求並不僅止於身體的需要，有時大腦也會因應身體以外的生存需求，去運作學習滿足生存的意義。就好像如果沒有食物和飲料時，就無從滿足人對飢餓和口渴的身體需求；或沒有房屋的保護，就無法滿足遮風擋雨，滿足保持溫暖的需求。但是，人類有時不僅止於需要吃飽或解渴，有時生存中會需要除了身體基本滿足以外的需要，除了溫飽還會需要舒適，這時大腦中的意識層就會不斷運作，想盡一切辦法產生一些行為來滿足人的各種程度的生存需求，例如：努力工作或想辦法賺更多的錢，使自己除了得溫飽外，還可以享受舒適的生活；或除了喝水解渴，更想辦法找各種飲料喝，來滿足口渴以外的需求，例如：爽口、甘甜、美味；又或穿漂亮衣服，來滿足身體對溫暖以外的需求，例如：美麗、舒適。

　　因此，從這些經驗中，可以發現人除了生理上為了身體的基本需求外，還有活得好的需要。即牽涉到意識層面的心理需求。超出了除吃、喝、呼吸這些生物感官需求外，還有更高心靈的層面，或更複雜的人類內在需求，諸如愛、價值觀、希望被注意、被看重、被需要……等等。人除了需要溫暖、舒適，更需要被保護、被照顧、被體貼等心靈深處更細緻的感受。例如：孩子在父母給與溫暖的衣物外，更需要的

33

是父母為孩子選購衣物的愛與耐性，或幫忙孩子穿衣時的細心與呵護。所以，人所要的不止是生存的需求，更需要的是心理的需求。

以下將詳述四種基本的心理需求，Glasser（1984）相信它們亦同樣存在於人的基因中，是不可或缺的需求。這四種需求為：歸屬感、權力感、自由感，及趣味感。

(二)心理需求

一般人的概念總認為吃、喝是人所不能缺乏的基本生存需求，滿足了生存需求就滿足了一切，非常的清楚、簡單。但是，一般的概念卻不盡然是絕對正確的。若不然，吃喝既能滿足人的基本需求，為何人會自殺？抑或，人又為何會故意將自己放在一個危險的情境中，例如有些人為了樂趣，故意去飆車、跳傘，甚或高空彈跳，置生命於險境而不顧安危。Glasser（1965, 1984）認為，若是吃喝就能滿足人的需求，那麼熱切、大膽又勇於將自身置於險境中之人，其內心的深處，必然還有另一種需要滿足的需求。

Glasser（1984）指出：「多年前我曾訪問過一個自殺未遂的人，他說他之所以有那麼大的勇氣自殺，是因為他覺得太寂寞與孤單，而長時間的寂寞與孤單，讓他覺得生不如死，因為選擇死亡似乎勝過孤單與寂寞地活著，所以他決定自殺（p.9）！」許多研究指出：自殺的人，常常都是起因於無法處理寂寞難耐。所以縱使溫飽，但內心的寂寞與孤單，常會

帶來難以超越的痛苦，這不是生理的滿足所能代替的。

這四種內在的基本心理需求如圖 2-2 所示。

1. 歸屬感

歸屬感的需求在人的心目中占據了極大部分，更勝於對生存的需求，人生而具有被愛和被屬於的需要，希望自己能成為團體的一員，希望自己在這團體中被接納、被關愛，或被需要，自己所付出的愛能被人所接受，也期待人際之間的聯結，渴望親密的關係，所以必須滿足才能讓生命產生意義，使生活滿意，否則就會產生不平衡。

Glasser（1990）指出：人生而具有被愛與被屬於的需要；對愛、分享、參與、照顧、關係、連結的需要；人若缺乏了朋友、家庭和愛，他（她）的生活將會覺得一片空白，變得非常困難，他（她）會覺得活在世上是極為難耐的。反觀，在這個世界上，有許多人縱使已有了朋友、家人，仍然非常喜歡養寵物、栽盆景、玩車、玩船、玩電腦，因為他（她）們喜歡感覺被愛或能夠去愛，喜歡被隸屬的感覺，也喜歡擁有屬於自己的東西。由此可知，歸屬的需求對人來說是多麼重要。

人從出生到年老，終其一生都希望能擁有一份愛，希望能愛人也能被愛。一個人健康與否或快樂與否，都建基於他（她）有沒有能力取得它和滿足它！也就是說，一個人是否感覺幸福或健康，全視愛與被愛的需求能否被滿足，否則就會產生不平衡。愛與被愛，不能端視其之一端，必須同時擁

四種基本的心理需求

愛與歸屬感

關　　係
合　作　與
參　　與
友　　誼
連　　結
關　　懷

權力感

重要
競爭
讚賞
成就
努力
敬重
影響力

趣味感

享樂
娛樂
學習
放鬆
歡笑
運動
遊戲

自由感

選　　　擇
自　由　權
自　由　選　擇
獨　　　立
自主、自律
自　由　移　動
生理的自由
心理的自由

圖 2-2 四種基本的心理需求之內容

有，需要擁有愛，也需要能有機會去愛人。若不能同時得到兩者，失去任何一端，都會帶來痛苦，釀成心理上的困擾，引起焦慮、沮喪等心理症狀，甚至會產生自我放棄。

人終其一生，從出生到年老，都必須學習如何滿足愛與被愛，若失敗，或無法學習去滿足這需求，就會產生不平衡，使人感覺痛苦。而這痛苦常會造成錯誤的行為，以不正常的行為和手段去獲得。或在一個人年幼時，沒有機會學習愛與被愛的行為，當他（她）長大就會沒有能力去滿足他（她）自我的歸屬需求，或者會以不正確的行為去滿足它。例如：一個失戀的女人，往往會因這段不快樂的戀情，轉而以性愛來代替變相的熱情。只有當這個女人能學得正確的戀愛態度，才能真正除去這些不快樂，也才能以正確的行為和態度真正獲得滿足。又或一個寡婦，若她不能學習調適失去丈夫的痛苦，就永遠無法滿足她對愛的渴求，很可能她會像前述的例子一般，以錯誤的方法來獲得對愛的需求，或變相的以控制孩子來彌補自我對愛的需求。

因此，每個人都會希望自己是所屬團體中的一份子，是不可或缺的，或是能跟他人維持良好友誼的關係，滿足愛與被愛的需求。所以，人們會不斷地從事各種活動，以滿足追求友情、母愛、家庭共融或夫妻親密感。

Glasser（2000a）又指出：歸屬需求與其他需求間的關係是互為影響的；一方面，歸屬需求是建立其他需求的基礎，往往滿足了愛與被愛的歸屬需求，常可以產生能量去滿足其他的需求，例如：父母師長的關懷與鼓勵，常可以振奮孩子

的心，有力量去為功課或成績打拚；抑或，家庭的溫暖可以激勵軟弱的丈夫重新振作，努力向上。但是，另一方面，歸屬需求也常常會與其他的需求衝突；為了滿足愛與被愛的需求，則無法滿足權力的競爭、自由的爭取、嗜好的滿足。例如：競技場上的競爭夥伴，會因競賽而失和；或獨子、獨女為了奉養父母而無法自由遠行；或，為家庭、婚姻而甘願放棄事業；又或，有時會因自己的樂趣，忽略了家庭生活，造成種種衝突，以致在衝突中需要學習選擇，選擇當下最合適的需求以滿足此時此刻最重要的需要。

2.權力感

權力感，好像是一種控制權，是一種能夠掌握所有面對的事物和一切東西的感覺；把事情做好，對大多數的人來說都是很重要的，因為事情做得好，代表能夠掌握所面對的事物；因為在處理事物時，滿足這種權力的需求，則能使個人感受到自己是有價值的人。而對處理事物的自信心，可以幫助個人面對事物的掌握與控制。因為，每個人都希望自己是重要的，是能受到別人的肯定與讚許的，也需要覺得自己是有價值的人。

權力感包括了重要、競爭、成就、敬重、讚賞、努力、技能和影響等等內在多種感覺。

Glasser（1965, 1984, 2000a）闡釋：權力感對人來說，是極具誘惑的，是人所喜愛的、不能抗拒的。君不見，許多人終其一生，都在不斷地追逐權力，為獲得權勢而不顧一切；

甚至有些人已經擁有極大的權力了，還嫌不足，仍卯足了全力去爭取更大的權勢。就像現今許多的政治人物，得了權力，又想更上層樓，想獲取更大的權勢，又仍嫌不足，還想要擴張更大、更多的權威，似乎永無止境。

權力，既可帶來威勢，又可獲得別人的遵從，這種權力感，常能操縱人自以為是的價值感。就像人走在街頭，常會在意自己在別人眼中的感覺。無論尊卑、老少，若能被人尊重感念，人就會時刻將之頂在頭上、掛在臉上，就像現今許多人──特別如政治人物，會將許多的頭銜印在名片上，想因此獲得別人的尊重。又好像許多有錢人、相貌出眾的人、有名的人，或是有名望的人，亦復如此。例如：你（妳）可以想像，辦公室中同事間或同學之間常有競爭的情況，屆時你（妳）會如何對待你（妳）的競爭對手？

Glasser（1984）又指出：權力感對人來說，是極難抗衡，又極具競爭的，因為在人的內心中，對力量的渴求，是幾近貪婪，而且又有極大的慾望想要獲得、分享他人手中的權力。他舉例說：就好像女權運動，傳統上女性是未被賦予權力的，但由於權力感是既存於人的基因中，這是無法抹煞的需求。所以，縱使女性從來沒有被允許給與權力，也一直被教導女性是沒有權力的，她們必須沒有異議的服從，她們是沒有選擇餘地的被剝削了權力，但是，只要觀察整個世界的發展趨勢，會發現權力感是不能遏止的。因為權力感就好像其他的基本需求，是與生俱來的。權力感的需求，也一直存在於女性的基因中，在她們的內心中一直掙扎、抗衡。一旦時機到

了，就好像決了堤的大水般，完全無法禁止，因為，它本來就一直深植在人的內心深處，一直是被需要的。所以，一旦被提出，女權就成了一種世界性的運動，

權力感也可以說是一種成就感，是幫助人類進步的動力，人之所以不同於其他的動物，就是因為人有內在控制權的需求。所有的動物都只為生存而競爭，只有人類會為著錢財、房地產，或他人的要求而競爭，人類會為著表現，得到他人的讚揚而努力，或為得到多一點的成就感而盡一切的心力去換取，只因為它存在於人內心之中，人無法忽略它。例如：在競賽中，所有參與者都會盡一切努力去換取最高的榮譽；也沒有任何一個人願意獲得最後一名，或將所能獲得的榮譽拱手讓人。從古至今，人類無法避免的追逐著權力。從穴居時代開始，洞穴的發現，即是為獲得更舒適的居住方式；鑽木取火，是為獲得更美味的食物，或為獲得光明以更方便生存；社會參與，是為獲得更滿意的人際關係；爭取群眾，追逐領袖的地位，是為獲得尊重、地位和成就感等，無一不是因著權力的競爭而促使人去達成。人類的祖先也就因著這些而努力，逐漸地進步趨向文明。

Glasser（1984）又指出：權力感的需求有時會與歸屬感產生衝突。就好像人結婚是為了愛，為了歸屬感的需求，也同樣是為了權力感的獲得，因人需要關係的控制權。但是，人對親密關係常會覺得無力，例如：夫妻的關係，常會因爭執而造成二人在權力上的抗衡，常又會因著無法妥協而關係破裂。許多離婚者常敘述他（她）們仍彼此相愛，或仍深愛

著對方，但卻無法和他（她）的伴侶再住在一起！這就是因為權力或控制權的抗衡，導致彼此無法退讓而關係破裂。

權力感常造成衝突與矛盾，因它一方面可以拉攏人，諸如運動員，隊友常會因競賽而成為親密夥伴，彼此同心、一起努力、一塊拚命，互相分享著榮譽。因此，任何一個人失去夥伴時，就如同失去摯友般地難捨。而由於這種需求，他（她）們很快的又會去尋覓另一個夥伴，滿足於共同的分享與奮鬥。但是，另一方面，由於權力感的吸引，常常也扮演破壞的角色，也極易破壞友誼，例如：成就的大小、貧富的懸殊，往往，一旦權力與成就無法平衡時，友誼就會受損。

因此，當權力感與歸屬感相互衝突時，兩者之間，實難擺平。正如中國人有一說「悔叫夫婿覓封侯」：作妻子的，常一方面渴盼丈夫能出人頭地，希望他功成名就、作大事、賺大錢，但另一方面，又希望丈夫能常常待在家中陪伴自己，幫忙照顧家小。可是，往往需要成就感，就必須犧牲歸屬感。所以，既獲得歸屬感而又掌握權力感，是不容易的；Glasser（1984）認為：一個人若能平衡權力感與歸屬感是很幸運的。

3.自由感

自由的需求是很重要的，特別是在精神層面（曾端真，1995）。人需要能夠自由抉擇、自由行動、獨立自主、自由選擇、自律、自主、自覺、自由權、不受干涉，及生理和心理上的完全自主權。在生活中，人天天面對選擇，喜歡自由地感覺和思考，不喜歡受約束，尤其是行動或思想的束縛；

人喜歡自由自在，做自己喜歡的事，去自己喜歡的地方，在自己的計畫範圍內做想做的事。一旦受到外力的強迫改變，就會使人產生壓力或衝突，因生活秩序受打擾，而產生不平衡。

Glasser（1984）闡釋自由感的重要性，他說：「人類沒有自由，就不能生存！一個人活著，必須能自由選擇和自由行動。人活在世上，若沒了自由就活不下去，因為他（她）不可能整日被綁著還能活，或完全不能動（p.12）！」一個人是不是還活著，常以能看、能動來評斷。

人所要求的是，能自己選擇自由生活的方式，選擇自己的朋友，讀自己喜歡的書，選擇自己的信仰。歷史記載了許多的故事，陳述人為自由而戰，例如：法國大革命的名言「不自由，毋寧死！」沒有了自由，雖活著，也沒有生命的意義。特別是當人察覺將失去自由時，對自由的渴盼是極巨大的。歷史中也常常陳述，人是如何為爭取自由而不顧一切的拚命奮鬥，或人為剝奪他人的自由而產生殺戮。

自由感與歸屬感，也同樣有其矛盾與衝突。例如：年輕的女孩抱怨，許多男孩子常為擔憂失去自由，而不願對婚姻許下承諾。愛與自由常常是相牴觸的，人常需要為愛犧牲自由，就如同許多人常說：家庭是「婚姻的枷鎖」。現代人，無論男女都將婚姻看成自由的犧牲，因為許多事業的成就機會，會因婚姻而受影響。例如：女人可能因婚姻、家庭、孩子的需求，而放棄事業，被迫留在家中照顧孩子；或男人可能會因為婚姻的牽絆，無法自由自在為事業的成就而全力以

赴。有時，離婚的主因，也是愛與自由矛盾。例如：一個人的自由往往會造成另一個人的痛苦，像外遇就是最好的例子；丈夫或妻子的自由，往往造成另一半的痛苦，因婚姻中不能容許不忠的自由。愛對方就必須忠誠，忠誠就沒有自由。又或，孩子也常會為愛父母而必須放棄自由，例如：家中有老父、老母罣礙，因父母的需要而拖累，使孩子無法自由自在遠行。所以，自由感與歸屬感這兩個基本心理需求，亦成為選擇的難題。

另外，權力感有時與自由感亦相衝突，因為，人為工作賺錢，養家活口，就必須犧牲自由，以致成就感無法與自由感並存。又或勞資關係，僱主為賺錢或發展，就必須控制勞方自由，所以控制權與自由權亦常常無法並存，無論喜不喜歡，都必須接受這事實。

4.趣味感

趣味感，是維持個體繼續學習與工作的動力。人不分年齡，人人需要樂趣；人做許多事，都是為了獲得歡笑和樂趣，樂趣可以幫助人學習，可以提高學習的效力；歡笑則可以增加互動，帶來學習的吸引力，並給與工作或學習壓力的空間，所以趣味感對人是很重要的。但，許多人並不以為人需要樂趣，害怕浪費時間，因而長久不停的工作而變成了壓力，使生活失去了動力，產生不平衡。

樂趣並無法明確地定義，但它對工作的影響卻是相當重要的。人不分年齡，人人需要娛樂；所以，唯有當人認知趣

味感的重要，在生活中滲入許多的娛樂活動，諸如：遊戲、歡笑、學習、放鬆、娛樂、運動、享樂等，才能過一個真正的平衡生活。

Glasser（1984）強調，許多人認為趣味感不如歸屬感、權力感、自由感重要，但實際上，趣味感在生活中是相當重要的基本內在需求。就如前面所說，離婚，是自由感與歸屬感的衝突，但更多的時侯，是因為婚姻的空洞而造成的。當彼此的關係中再也沒有樂趣可言之時，往往更容易影響婚姻的維持。

人生而為高等動物，就是因為人有能力滿足人的需求。需求也往往成為人的動力，如果夫妻之間能營造生活的樂趣，或彼此能努力學習去經營婚姻，就不會造成婚姻的空洞感，以致離婚。

Glasser（1984）談到趣味感，他認為學習會為生活帶來樂趣，滿足內在的需求。從許多的動物實驗觀察中顯示，成年的猩猩或猴子，在學得所有生存技巧後，就停止學習，特別是成年的母猩猩，行為表情會變得孤離而呆滯。這似乎也是許多老年人的寫照。當老年人在生活中不再有學習的樂趣衝擊時，他（她）們的精神生活就會惡質化，許多的老年人常常會變得表情呆滯，可見學習樂趣的重要。例如：學生時代最令人懷念的，總是課堂上老師風趣的講解，或學習新事物的新鮮與樂趣。可惜的是，「無趣」正是現今教育體系失敗的原因。如果能以邊玩邊學習的方式來進行，就不會讓學生覺得課程學習冗長，也不會失去了學習的動力。

因此，Glasser（1984）亦認為遊戲是很重要的，因遊與戲，能帶來樂趣與歡笑，在學習的過程中幫助人維持動力，可以使學生極為容易地達到學習的目標，更可以滿足人的內在需求。

　　歡笑，是人類的獨特能力，雖然人類為何會歡笑的原因不可考，但當人的內在基本需求被滿足之時，一定會開心地笑。這也是人之所以會喜歡喜劇的原因，因喜劇是歡樂的根源。而人的內在是渴望歡樂的、愉悅的。就好像人在找伴一起玩時，多半希望與有趣的人一起玩，因為這樣才能玩得盡興。例如：打網球的人，看重的不僅是玩球的本身，更重要的是需要彼此投契，才能盡興滿足運動真正的樂趣。

　　趣味感在生活中既是不可或缺的，因此會與其他的內在需求相衝突。諸如：攀越高山、賽車、跳水，人會為樂趣尋找刺激，而忘記生命的危險，趣味感就會與生存需求衝突；或有時會因為看電視轉播球賽，而忽略了家庭生活，以致趣味感就會與歸屬需求衝突。又或為了成就感，努力用功、專心致力於打拚事業或學業，以致疏忽了所有的樂趣，趣味感就會與權力需求衝突。但事實上也並不盡然，需求並不一定都會產生衝突，這些需求有些應當是可以同時並存的。因為有時可以既有成就又能兼顧樂趣；權力有時可以成為獲得樂趣的助力，例如：運動員，一方面能因競賽成名，一方面又能在競賽中得到樂趣。但可惜的是，有時我們又必須為某一種需求，犧牲另一種需求。就好像素食主義者，為了健康生存因素，或宗教的權力感之執著，只好犧牲過年時的豐富雞

45

鴨魚肉，而割捨吃的樂趣與滿足。

Glasser（1965, 1984）認為五種內在心理和生理基本需求，其中的任何一種也不可有其完全獨占性。如果歸屬需求是唯一的，家庭就成為具有獨占性的，會奪去了所有的注意力，就無從發展成就需求；或權力感被認定是絕對的，或人類若只一味注意成就感，也早就可能會發生核子戰爭；又或為了獲得趣味感而不顧一切，那麼不工作的結果就非常可怕。

所以，如何取得五種生理與心理需求的和諧，是非常重要的。這也是生活中必須學習的智慧。既然，這五種生理和心理需求是存在於人類的基因中，是無法逃避的，就必須去學習如何平衡它們。人必須全力以赴，去面對和處理其間的衝突。就好像一個人若能有效掌握權力感，既可享有成就，又可得著家庭的支持，還可得著友誼和自由。例如：許多有成就的事業家，若不妄用權力感和自由感，就可獲得美滿的家庭及和諧的事業夥伴。

現實治療法所談論的，一方面是幫助人們學習、了解人的基本內在生理與心理需求，從而學習如何面對其間的衝突，並學習使其調和並存，以幫助人可以過一個更有意義的生活。如果無法了解這些需求是來自內在的驅力，常常就會以為是受到外在的因素所影響，但若解決了外在環境的干擾，而未滿足內在的需求，終究無法真正幫助人過一個滿足的生活。另一方面，是學習選擇滿足自我的需求，正確的選擇，並為選擇的結果負責，才能真正過一個有意義的生活。以下將詳

參、選擇

　　Glasser 強調，人的行為是經過大腦的判斷和評估，然後被選擇來滿足自我內在的需求。他強力反對人的行為是來自外在環境的影響，並反對刺激產生行為，主張行為的產生是來自內在的需求，因為人所選擇的行為都是為滿足自己基本的生理或心理需求。他以不闖紅綠燈和接聽電話為例，說明人所選擇的行為，在當下都被認為是最好的抉擇，是因為這樣的選擇能滿足人的基本內在需求（Glasser, 1984, 1989）。

　　所以，當人的基本內在需求有了衝突時，大腦中的意識層就會不斷運作，為了滿足需求的平衡而產生選擇。因為，人會想盡一切辦法滿足各種心理需求，或為平衡內在各種需求換取多一點的滿足。人的行為分為可選擇和不可選擇兩類，例如：人生理自然的反射作用，飢餓、口渴、呼吸、排泄等自然反應是不可選擇的。心理層面的內在需求，諸如愛、價值觀、希望被注意、被看重、被需要等等，則是可選擇的，或為了滿足這些內在需求必須作選擇。在生活中，人天天面對選擇，不停的選擇自己生活的方式，選擇自己的朋友、選擇讀自己喜歡的書，和選擇自己的信仰等等（Glasser, 1984, 1998, 2000a）。

Glasser（1998）指出，人常根據內在的現實需求來選擇自己的行為，他認為所有的決定和抉擇都是自我間接或直接選擇的結果。他說：

> 常常許多人會說：「我過得一點都不好！」但是，當進一步詢問原因，則會發現大多數的人都會將自己的悲慘歸咎給別人。諸如：情人、妻子、丈夫、前妻或前夫、小孩、父母、老師、學生，和同事等等。幾乎每一個人都會抱怨：「你這樣會把我逼瘋……氣死我了……難道你就不能體諒我一點……你讓我氣得無法冷靜下來……」他（她）們從來就不知道，他（她）們的抱怨，或他（她）們悲慘的人生是來自於自己的──選擇（p.10）。

人所有的行動、思想、感覺和生理狀態，都是直接和間接選擇的結果；因人從他人所得來的訊息並無法使人作什麼和感受什麼，這些訊息是進入人的腦中，經過一番思考後，然後作出了決定和選擇。例如：當妻子責備丈夫，責備的本身只是一個訊息，當丈夫接收到這訊息時，他的反應可能是生氣，也可能是難過、傷心，他之所以生氣或傷心難過，是因他對現實狀況的反應而決定，因為，可能是事情處理得不好，所以感覺抱歉而難過，也可能是因為太太的歧視態度而引來的憤怒，所以是他經過思考後選擇的行為而決定生氣或難過；不是因外在的因素而是內在的控制，是因為自我對外

來刺激所選擇的反應。也就是說，他生氣或傷心難過是因他的歸屬與權力需求無法得到滿足，而不是責備這個情境的刺激（Glasser, 1998）。

因此，選擇是因內在的需求而決定。因為人的行為都是為因應內在的需求而有的反應和抉擇。Glasser（1998）曾舉例說明：在一次飛行途中，一個一歲多的小嬰孩整整三小時哭泣不止，小嬰孩的母親不知如何是好，飛機上所有的乘客都可以感受到她的無奈，都想要幫忙，但是，就是無法停止小嬰孩的哭泣。很可能小嬰孩是因耳朵無法承受飛行高度與壓力而疼痛，而小嬰孩承受身體的痛楚唯一能作的只有哭泣；為了生存和身體的需求，小嬰孩嘗試求助，所以他的選擇就是哭泣，因他無法告訴母親他的痛苦，也無法了解母親的無奈。若小嬰孩長大一點，他可能會發現耳壓並不會奪去他的生命（生存需求），或了解下飛機後耳壓就會解除（身體需求），又或者他可以告訴母親他哪裡不舒服，以致得到母親的疼惜和安撫；雖然感受到母親的無奈與無力，也了解母親沒有辦法幫助他，但母親是了解的、心疼的，就不會再以不停的啼哭作為訴求。他可能以其他方式嘗試轉移自我對耳壓疼痛的注意，而會選擇唱歌，或起來走一走，以免因吵鬧使母親生氣。因為，得到母親的歡喜（歸屬需求）可能更勝過忍耐身體的不舒服（生存需求）。由此可見，行為的選擇是因滿足內在需求而做的選擇。

Glasser 強調內控因素，反對外在控制。他發現人常習慣性的被外在因素所控制，所以，強力主張人必須揚棄「外在

控制理論」而必須以新的「選擇理論」來取代之（Glasser, 1998, 2000a）。他指出，如果人想要減少人生的痛苦，就必須學習如何自我控制，以及了解自我而不再允許自己被別人或外在事物所控制。但是，許多人卻常常都在做他（她）們所不喜歡的事，習慣性的被外在的情境或事物所控制，例如：許多受虐婦女並不真希望離開有暴力傾向的丈夫，她們認為離開可能情況會更糟，因為她們害怕自己無力獨自養活孩子，怕失去小孩，害怕家人不諒解。所以，就仍懷抱希望，以為只要忍耐下去，情況終會好轉。但事實上，她卻成了外在控制下的犧牲者，以為這些因素是她所不能控制的，所以就選擇被控制；也就是 Glasser（1998）所反對的「外控心理學」（External Control Psychology）。而這種外在控制的信念是會不斷的侵害著人，摧毀快樂人生、健康、婚姻、家庭、受教育的能力以及從事高品質工作的意願，也是不負責任的行為之起源。它會強迫著人去做自己所不願作的事，又迫使人相信自己的感受和所作所為是別人驅使自己去做的。而人之所以讓外在控制的信念一直延續是因錯誤的慣性，因為，當別人不照自己的意思去做時，常常第一個想到的方法就是高壓政策和控制，所以常會不假思索就使用了處罰或高壓。例如：孩子不聽話，父母選擇對孩子發脾氣、對孩子吼叫、怒斥威脅；實際上，卻使情況變得更糟。所以若要達到有效控制，必須在父母與孩子的關係中作出更好的選擇，例如：選擇找出不肯聽話的原因，傾聽孩子對這事的想法，選擇更適當的時機來討論，而不是被外在因素所控制。必須先想想，我要

得到什麼？若我要的是「聽話的孩子」，那麼處罰會不會使孩子更聽話，抑或更不聽話？或所作的是建設還是破壞？

Glasser（1998）強調選擇是一種「內控心理學」，說明了為什麼和怎麼做，可以幫助人做出決定人生旅程的正確選擇。它是透過學習，學習了解外在控制的錯謬和影響，然後進一步改變它，並以「選擇理論」取代它去面對人生。例如：父母處罰孩子，不作完功課，就罰他不准看電視，但處罰後他可能還是不好好作功課，所以就再重重處罰，禁止他一週不准看電視，所以孩子就整整一週繃著臉，仍然不好好作功課而在家混時間，結果還是沒能改進。因此，父母可能就會開始思考，為何一再的處罰卻還是未能改進孩子的態度，所以是否有更好的方法可以改進？許多人可能常常要花費相當長一段時間才會了解自己的做法是無效的，因為處罰看起來似乎非常好用，大家也都這樣做，自己的父母以前也是這樣處罰自己的，所以想都沒想，就執行了處罰的行為。這並非是出自「選擇」，只是「習慣使然」。因為，所謂的好父母都是這樣做的，而大部分的人也是這樣長大的，大家都會說：「處罰他（她）啊！現在不管，將來就來不及了，難道你希望他（她）一輩子沒出息，不作功課怎麼行！」但是，處罰的結果往往卻是將父母與子女間的關係愈弄愈僵，孩子不高興，父母也不高興，見了面沒有話聊，彼此都很痛苦，孩子為不能做自己喜歡的事痛苦，父母也為效果不彰很痛苦！所以，除了習慣受外在因素控制：「大家都是這麼做的」，還是運用內在需求：「我要什麼？我應當怎麼做才能滿足我的

需求？」才能幫助孩子改進。所以，是否應當仔細思考，「選擇」適當的方法來解決問題。例如：孩子不愛作功課，是因為不會作？還是因其他的因素干擾？我為什麼期望孩子作功課？作功課的目的是什麼？孩子的期望是什麼？這其中牽扯了許多的因素，各人也有各人不同的需求。應該如何選擇適當的行為來滿足這些需求？抑或當個人的需求有衝突時如何做適當的選擇？

Glasser（1998, 2000a）提出「選擇理論」嘗試解釋以上問題：那種來自外在的刺激，一直嘗試控制人作出特定的選擇是不存在的。人的所有行為都是來自自我的一種選擇，是經過思考後所作的選擇。當人決定不再照著習慣去做，不再回應外在控制的特定需求，而思考如何去做時，就會因應內在的需求而選擇適當的行為。例如：電話鈴響選擇接聽是因為友誼的需要，而不是因為聽到鈴響就習慣性拿起接聽；不闖紅燈是因為生存的需要而決定要站住或闖越；父母管理孩子、不處罰孩子是因為愛孩子，滿足自我歸屬的需求。

所以，學習選擇滿足內在需求的行為，學習為自己所選擇的行為負責，放棄自我主觀意識，不再受制於外在因素的控制，了解自我必須是實際的、負責的，並確實地選擇滿足自我的內在需求時，才能真正有效控制，使自己能過一個有意義的生活！

第三章

現實治療之理論基礎 II

選擇理論

現實治療法：理論與實務

54

Glasser（1984）指出：「控制」一詞，常不自覺的一再被運用於許多人的生活中；不管是「有效控制」或「無效控制」，總是不斷地被用來形容生活中的種種行為。例如：當一個人減肥成功時，就會很快樂的向大家宣布：體重已被「有效控制」了！但是，當減肥失敗時，則又會很灰心於自己的「無效控制」，以致體重直線上升。又或，當老師面對調皮搗蛋的學生時，父母修理頑劣不聽話的孩子時，老闆處理不肯順從的員工時，甚至當醫生面對沉疴，而束手無策時，都常會以「有效控制」或「無效控制」來描述當時之狀況。

無論是「有效」或「無效」控制的行為，似乎都是來自外在的刺激，就如同行為主義所主張的「刺激—反應」說，好像人口渴而喝水，看起來，似乎只是一種簡單的行為反應，喝水的行為之產生是因口渴的刺激，然後藉喝水這行為，就解除了口渴的感覺。這一連串的行為過程似乎只是一種非常簡單的行為反應。但實際上，這絕不只是一種「刺激—反應」的行為論說，因為，口渴不僅只是一種外在的行為，更是一種內在的需求。因為，當一個人感覺到口渴時，首先在其腦中就自然會產生一個需要喝水解渴的需求，接著，這個口渴的需求，在其腦中就會延伸出一張因喝水而解渴的圖片，遂而發生了倒水喝的行為，因此，就會滿足了口渴的需求。整個因口渴而喝水的發生過程似乎只是一瞬間，但卻是一個接二連三整串的快速反應過程：

需求→產生行為反應→選擇行為→滿足需求

看起來像是一個因刺激產生的行為反應過程，但實際上行為之所以產生的原因，卻是為著滿足內心深處需求的選擇行為。正如 Glasser 所假設的，人的大腦運作好像是一個控制系統，所有行為的產生，是人試圖控制感覺系統以滿足心理需求時，所產生的反應方式（Glasser, 1984, 2001）。

一九七〇年代後期，Glasser 在現實治療中加入了「控制理論」（Cockrum, 1989）。他以「控制理論」來解釋大腦如何運作，並強烈反對行為主義所主張的「刺激—反應」說。Glasser（1984）認為人的行為並不是被外在事物所操控，而完全是因自我內在的力量所激發，所有的行為都是企圖來控制自我的需求，以致能滿足自我，過更豐富的生活。一九九八年，Glasser 以正面積極的「選擇理論」替代其自一九七九年以來所稱的控制理論；指出人為何和如何產生行為，因他認為人在和諧共融的關係中有能力決定如何達成滿足自我的需求，而這些行為是有選擇性的，當決定選擇這些行為時，即決定選擇有效控制（李茂興譯，1996；廖鳳池，1997；Glasser, 1997, 1998）。Glasser（1984）指出每一個行為的決定，在當下都是最好的決定，他說：「想想上次你所做的一件傻事，不也是覺得在當時來說，不失為一個好的抉擇，因任何事的決定，在那一刻永遠是一個最佳的『選擇』（p.47）。」

人常會受外在的表徵所影響，以致會以為行為的反應，是來自外在的刺激，就好像前面所舉證之例：口渴→喝水，這行為的產生，絕不會是因為有人拿了一杯水給他（她），他（她）就喝水；口渴就喝水是因為口渴需要喝水，所以他

（她）才喝水。如果只是因為有人拿了一杯水給他（她），他（她）就喝水，那麼假若別人一直不斷拿水給他（她）喝，他（她）是否就會因此不停的飲水而撐破了肚子？所以，喝水這行為之所以產生，不是因別人拿水給他（她），而是因為他（她）覺得口渴，因為他（她）的內在需求，影響他（她）去喝水（Glasser, 1984）。因此，Glasser 主張人的行為產生並非來自外在刺激。但是由於人常誤以為人的行為是受制於外控，以至於對自我的人生失去主控權、失去了選擇的能力，而被外在事物所控制；當別人拿水給他（她）喝時，他（她）放棄了選擇喝與不喝的自由，反而被別人拿水給他（她）喝的刺激控制了，所以就誤以為是外來的控制影響了選擇的意志（Glasser, 1998）。

　　Glasser 亦反對佛洛伊德將精神病患者認定為無用者，他認為人應對他們選擇的行為負責。Glasser（1965）一再地說明不負責任的行為是需要被治療的基本原因，即如前章所討論的。他指出負責任就是滿足一個人基本需求的能力，肯負責的行為，是為滿足自己基本的生理或心理需求的選擇。根據前一章所舉之例，指出人選擇不闖紅燈，是因為人求生存的內在本能需求，不是因為紅綠燈的刺激，而選擇不隨意穿越馬路；實際上是要避免因穿越馬路遭遇危險，進而選擇不隨意穿越馬路。所以，無論如何，人所選擇的行為，在當時都被認為是最好的抉擇（Glasser, 1984, 1989）；因為 Glasser（1984）認為每一個行為的決定都是經過大腦的判斷和評估，然後才被選擇來滿足自我內在的需求。事實上，人有選擇的

權力和選擇的自由，惟有當人能正確的選擇，才有能力控制自我的行為，不被外在的事物所操弄，而能過一個有意義的滿足生活（Glasser, 1998）。

Glasser（1984, 1989, 2001）假設人的大腦運作好像一個控制系統，當人試圖控制感覺系統以滿足心理需求時，就會產生因應的行為。他以大腦運作系統來解釋人行為的運作：所有的行為都是人為了嘗試控制外在真實世界以滿足內在需求，而決定因應的行為。在真實世界中產生的經驗，經由知覺系統中價值和知識過濾器的澄清、評估，然後會在感覺世界中形成圖像，經由比較區與優質世界中所儲存的圖片比較，然後抉擇適當的行為以滿足內在需求；所以，行為可在必要時經由大腦的控制、比較及學習而改變（Glasser, 1989；黃雅玲，1992）。

選擇理論：大腦運作系統解析

Glasser（1984, 1989）解析人如何抉擇適當的行為，或控制、比較，或改變。以下將從大腦運作的系統（圖3-1）逐一解析感官系統、知覺體系、感覺世界、優質世界、比較區，及行為體系、行為改變的路徑，以幫助了解如何能更有效的運用現實治療法在心理輔導中的治療過程。

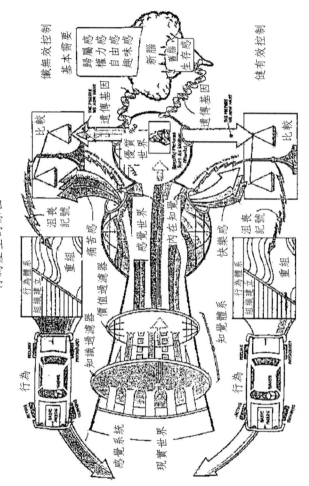

大腦運作結構圖

行為產生的原因

圖 3-1 大腦運作系統圖：行為產生的原因（Glasser, 1990）

一、知覺體系

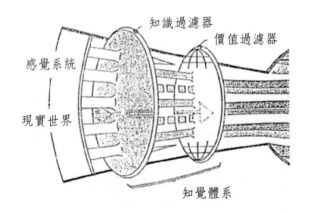

知識過濾器

價值過濾器

感覺系統

現實世界

知覺體系

圖 3-2　知覺體系：大腦控制系統的
第一部分（Glasser, 1990）

　　大腦運作系統好像一個控制的系統，它的第一部分是知
覺體系（圖 3-2）。Glasser 認為知覺體系是大腦控制系統對
外聯絡的第一站，他整合了訊息處理論的知識，建構他的知
覺體系（陳志賢，1997）；他認為知覺體系是整個認知系統
的輸入系統，包括感覺系統、知識與價值過濾器。Glasser
（1990）說：「所有人類的感官構成感官系統，如觸覺、嗅
覺、味覺、視覺及聽覺等，經過感官，人類才得以了解現實

的世界（pp.15-16）。」然後經過知識過濾器考量所得的知覺，並藉此得到有關的決定。如果對所得的訊息不感興趣或是訊息不重要，就不會有進一步的舉動。然而，所感興趣或關切的感覺，則會透過價值過濾器繼續進行；過濾並辨別善與惡、好與壞、苦與樂，而成為感覺世界的一部分，人們透過他們的知覺感官，將所感覺到的重要經驗存在於感覺世界中（Glasser, 1990）。

　　例如：當學生看到考試成績時，發現考卷上的成績不及格，首先他（她）的知識過濾器會告訴他（她）所得成績是不理想的，低於六十分是不及格的，然後價值過濾器則告訴他（她）考試失敗是丟臉的，是很糟糕的一件事，所以他（她）即刻會感覺到挫折、失望和傷心，而這種痛苦的感覺就會儲存在他（她）的感覺世界中，並且形成一連串的記憶圖片。又好像父母在面對不聽話的孩子時，首先他（她）們的知識過濾器會告訴他（她）們，孩子不聽話是不應該的，是社會準則所不容許的，孩子不聽話就是不孝，然後價值過濾器則告訴他（她）們，孩子不聽話是一件很丟臉、很糟糕的事，所以他（她）們即刻會感覺到丟臉、失望和灰心，而這種羞恥、不愉快的感覺，就會儲存在他（她）們的感覺世界中，並且在記憶中形成一連串的圖片。又如老師面對學生違規、老闆面對員工懶惰或抱怨、丈夫或妻子面對自己的伴侶爭吵……這種種在現實世界中所面對的遭遇，挫折、失望與憤怒的感覺都會存在人的感覺世界中。當然，愉快的經驗亦復如此，一樣會經過知覺體系的體驗，而逐項存在感覺世

界中。例如：遇到老朋友，相見甚歡，這種愉快的經歷，首先透過他（她）的知識過濾器會告訴他（她）：「有朋自遠方來，不亦樂乎！」老友相聚，真是一件值得高興的事，是極為難得的，然後價值過濾器則告訴他（她），老朋友還有機會相聚是值得珍惜的，是很有意義的，是一件很快樂的事，所以他（她）即刻會感覺到開心、高興和興奮，而這種興奮、愉快的感覺，也同樣會儲存在他（她）們的感覺世界中，並且在記憶中形成一連串的圖片。又或，拿到成績，看到高分，首先透過他（她）的知識過濾器會告訴他（她），拿到好成績是極快樂的，是一件值得讚揚的好事，然後價值過濾器則會告訴他（她），獲得高分真好，是很有價值的，是一項榮譽，所以他（她）即刻會感覺到歡喜、得意和振奮，而這種興奮、快樂的感覺，很快會儲存在他（她）們的感覺世界中，在記憶裡會形成一連串的圖片。

二、感覺世界和優質世界

大腦控制系統的第二部分是感覺世界和優質世界（圖3-3），緊接著知覺體系之後，稱為內心世界，是大腦控制系統的中樞。感覺世界中儲存來自知覺體系的感覺經驗，與優質世界所儲存來自內在需求的理想圖片比較，就會產生行為的抉擇。

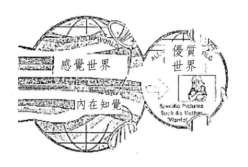

圖 3-3　感覺世界和優質世界：大腦控制系統的
　　　　第二部分（Glasser, 1990）

　　一個人的感覺世界，包含任何他（她）所曾感覺到的知覺，涵蓋所有有用的知識，或所有他（她）所能記憶的事（Glasser, 1984, 1990）。優質世界中則包含所有最重要且滿足一項或多項基本生理、心理需求的事物；優質世界代表每個人在生命中最期待達成的事物。這個小小的世界中，是每個人自一出生就開始創造並終生不斷持續創造的記憶，匯集成千百張特殊且能滿足自我內在需求的圖片。這些圖片分成三種類別：(1)生命中最期待在一起的人；(2)生命中最想擁有與經驗的美好事物；(3)理想的信念與遵循的模式。這些圖片會不斷地與無數感覺世界中由經驗所存留的記憶圖片來比較，成為行為選擇的依循條件（Glasser, 1990, 1998）。

　　優質世界的反應是因著基本生理、心理需求而組成，Gla-

63

sser 提出此一概念是為了說明大腦控制系統的動力來源，整合了他早期所提出的需求理論和成功認同的概念，成為整個大腦系統的控制中樞（陳志賢，1997）。Glasser 認為思想、行動與感覺，皆因心理內在的作用而激發，人的需求是驅使人產生行為的動力（Glasser, 1984）。人通常會把符合需求的知覺記憶下來，這些記憶就成了滿足自己需求時的行為選擇之依據。

由於大腦中所儲存的心理需求形成人的內在世界，因此 Glasser 認為優質世界內就如同一本相簿一般，如果要改變一個人的行為就必須改變他（她）心中能滿足自己需求的圖片，才能消除其感覺世界中影響其負面思考或感覺沮喪的圖片。

從小到大，人的成長中有許多生活的經歷：從出生後與父母之間的互動關係；早期家庭生活中兄弟姊妹間的來往對待；即長入學後在學校裡和同學一同相處，一起學習、遊戲和交往；學校畢業後進入社會在工作中的體驗，和同事、長官間的分際處遇；而後進入婚姻的兩性關係間之經營，生兒育女的經驗等等。這林林總總與父母、師長、同學、朋友、同事、夫妻、兒女的相互來往關係，其間的教導、學習，或社會的禮俗要求等，許多記憶中的遭遇都會在人的腦海中儲存，而這些記憶就好像一張張的舊照片：好學生、乖孩子、孝順的兒子、賢淑的妻子、盡責的老師、良好的人際關係、高薪的工作、高效能的領袖、善良的朋友、理想的國家、烏托邦的政策、永恆的天堂等等。日積月累不斷的增添，就像一本本存下來的相片簿，存放在人的優質世界中。特別是一

些理想性的行為，常常可以滿足人的基本需求，例如：好學生，是聽話的、有好成績的，順服、有禮貌、行為舉止有分寸，是眾人的模範；好妻子，是賢德的女子、對丈夫是順服的、對兒女的教養是盡責的、服侍公婆盡心盡意；好丈夫，對家庭是盡責的、做事是認真的、會賺錢的、肯上進的……這種種條件皆可博得人的喜悅、接納和愛慕，所以相對的也就可以滿足他（她）的歸屬和成就需求。而這些理想性的行為，也逐一儲存在人的優質世界中，變成一張一張的標準相片，驅動人去追求理想的目標，或變成對自我要求的標準。例如：當一個女孩結婚時，期待自己能成為一個好妻子，在她的腦海中就自然會浮現「好妻子」的圖片，這圖片原是存在於優質世界中，是過去她從社會經驗中獲得的標準所凝聚而成的圖片，這圖片可能是種種好妻子的社會標準，是賢德的、溫柔的、順服的、能幹的、健康的，對兒女的教養是盡責的、服侍公婆是盡心盡意的……；所以當這女孩子結婚後，就會不斷地鞭策自己、要求自己，努力的去達成她心目中「好妻子」的標準。然而，一旦自己無法達成這願望，感覺世界中的圖像無法契合於優質世界中的模範標準時，就會使她感覺挫折、沮喪和失望。又或一個學生，對自我的期待是能成為一個好學生時，在他（她）的腦海中就自然會浮現「好學生」的圖片：在優質世界中的圖片可能是用功的、有好成績的、多才多藝的、有領袖才能的、口才好的、對同學是友善的、人際關係是良好的……；所以這學生就會拚命努力用功，不斷地鞭策自己、要求自己，努力的去達成這「好學生」的

標準。另一方面，對酗酒的人來說，充斥在他（她）們腦海中盤旋不去的是酒精，對賭徒來說是輪盤、骰子，對吸毒的人來說則是嗎啡、大麻和海洛因，他（她）們所追求的則是暢飲、狂賭和毒癮的滿足。

所以優質世界中所包含的是人最重要的認知，最在乎的人、事、物與信念，是個人的香格里拉，任何時候當人能成功的達成優質世界的圖像，就會帶來無盡的喜樂；一旦無法達成這願望時，就會使他（她）感覺挫折、沮喪和失望。而人的一生中會不斷持續創造和再創造自我優質世界的圖片，來滿足自我內在的需求。例如：當人想要大量權力時，就會將政治放入優質世界中；當人想要滿足自由時，可能就會將旅行、遨遊天下或駕帆遠航放進優質世界中；或當人渴求愛的滿足時，可能會導致外遇，向外尋求更性感、更能符合優質世界中的性伴侶圖像。

每一個人的優質世界都不相同，每一個人有每一個人的主觀理想和需求，人為滿足自我內在的需求而建立自我的優質世界。但是，人也會以自我優質世界的理想圖片去衡量他人，以致產生衝突。例如：父母親會以自我優質世界的「好學生」圖像要求兒女，父母優質世界中的「好學生」可能是會讀書、「品學兼優」的孩子，但是兒女的圖像卻不同，可能他（她）優質世界中根本沒有品學兼優的圖像，他（她）的圖像是成為一個畫家，這時就會產生衝突。所以必須要了解個人的差異，以客觀包容的態度去了解他人優質世界中的圖片，抑或改變自我的圖片，才有可能產生交集，在共融的

關係中去作了解、互作調整，才能與感覺世界的圖像平衡。

三、行為環

　　大腦控制系統的第三部分是行為環（圖3-4），包括比較區、行為體系、總合行為；是整個行為體系的延伸，好像「環」一般不斷的連續進行，不停的比較、改變和重組，嘗試選擇適當的行為滿足人的內在需求。

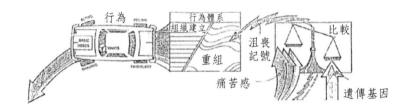

圖 3-4　行為環：大腦控制系統的
第三部分（Glasser, 1990）

㈠比較區

　　比較優質世界和感覺世界中的需求之處，稱為比較區（圖3-5）；其功能是用來比較現實世界輸入的知覺和內在優質世界的知覺差異（陳志賢，1997）。當現實世界輸入的知覺圖片和優質世界的理想圖片不一致時，就會產生沮喪、失望的

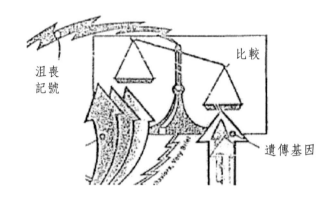

沮喪記號

比較

遺傳基因

圖 3-5　比較區（Glasser, 1990）

感覺，而發出沮喪訊號，這訊號會促進行為系統的重整，引起行為改變。當無法處理沮喪訊號時，則會關閉比較區產生否認與逃避的行為，產生無效控制；相反的，若能有效控制沮喪訊號，雖然現實世界輸入的知覺圖片和優質世界的理想圖片不一致，但經過比較區的比較，會產生行為的調整，驅使他（她）的行為改變去滿足個人的內在需求，直到得到他（她）所需求的，或至少接近所需求的為止。否則即需「換圖片」，按現實考量來調整行為以滿足內在之需求（Glasser, 1985）。

　　例如：某人對未來所期待的理想伴侶，是長髮披肩、溫柔嫻雅、俏麗可人，但若在可選擇的範圍內無法獲得時，如不「換圖片」，最後只好失望而終；因為眼前所有的對象雖無俏麗長髮佳人，可是卻可能有短髮活潑的適當對象，所以若換個圖片，就有了希望。當感覺世界的圖片與優質世界的

理想圖片比較時，常會因無法達到標準，而感覺沮喪和失望。因感覺世界中的圖像是來自現實世界的經歷，而放眼望去，周圍所有的女孩，沒有一個人是理想圖片中的模樣，面對失望，怎麼會不令人煩惱呢？

又或，自己優質世界中好丈夫的標準是：體貼、浪漫、對家庭盡責、做事認真、會賺錢、肯上進……；好學生的標準是成績好、用功、聽話、遵守校規等等。若在現實世界中所呈現的事實是，既不體貼、又不浪漫、對家庭也未盡責、做事散漫、既愛花錢又不會賺錢；而作為一個學生既不肯上進，無好成績、又不聽話……。如此與自己優質世界中的理想圖片兩相比較，無論如何都無法相契合，感覺世界中的圖片明顯的不能達成優質世界中的標準，所以在比較區中作比較時，顯然就無法平衡，當然就會感覺失望和沮喪！

又如上面說到的例子：父母優質世界中的理想圖片與兒女的理想圖片不一致時，父母期待兒女能做自己期待中的好學生，努力好學、用功讀書，又乖順、又聽話。但兒女有自己的理想，孩子的優質世界中期待的是畫盡世界美麗的畫家，這樣的衝突就會造成彼此的失望。因為，孩子若要滿足自我的需求就不能滿足父母的期待，所以兩相比較，顯然無法平衡，結果當然是雙方都會感覺失望和沮喪！

(二)行為體系

接著比較區的是行為體系（圖 3-6），是一個行為重組

69

區，因應比較區所產生的沮喪訊號，重新比較、評估，然後重組，再選擇一個能滿足自我內在需求所期望的行為。行為體系，劃分為組織區及重組區，決定保留原有行為，抑或重組而產生企圖解決問題的創造性行為。

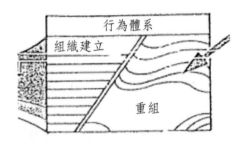

圖 3-6　行為體系（Glasser, 1990）

在大腦運作圖中，行為重組區顯示一邊是已組織的原有行為架構，接受感覺世界中的行為觀感，不肯嘗試改變，這些行為，可能是他（她）以前所熟識的行為，或習慣採用的態度。例如：當遭遇挫折時，為了逃避所帶來的痛苦，而習慣藉昏睡逃避問題。抑或遇到困難情境，若是順利解決就高興，遇到挫折或困擾就失望、煩惱；又或面對事情不順利、考試不及格、失戀、被拋棄、無法溝通等等，即刻就以逃避、抱怨及放棄等行為來面對。

圖表的另一邊，則顯示組織／再組織的程序，不斷的重組，產生企圖解決問題的創造性行為。例如：想盡各種辦法解決問題，而不只是坐困愁城，不斷的抱怨或昏睡，脫離慣性行為重建新行為。例如：當面對事情不順利時立刻尋求協

助、考試不及格時學習改變讀書策略、失戀時重新充實自我尋找另一個機會、被拋棄時重整對內在的自信,以及無法溝通時學習正確的表達方法等等。行為體系是一個不斷進行中的組織行為,是為滿足內在需求,而不停進行改造、重創的再組織行為過程(Glasser, 1990)。

Glasser 認為所有行為都是經內在誘導而產生的,一個人的行為,通常都是在滿足自我內在一個或多個基本需求,經選擇而決定的。從比較區所接受的挫敗或快樂信號,繼續不斷地驅使他(她)的行為系統不斷重組,直到達成更有效的控制。大多數的人都不了解他們所抱怨的苦難、沮喪或憤怒等行為,是他(她)自己所選擇的行為模式,而非外在誘因產生的感覺行為。事實上,人們的行為,是他(她)們想要控制世界的一種企圖表現,與他(她)們優質世界中所期待的理想圖片是一樣的,為滿足這期待的理想圖片,或企圖滿足自我內在需求而抉擇一個合適的行為。當選擇了一個合宜的行為時,即可改變所遭遇的困境,帶來愉快的感覺,此稱之為「有效控制」。然而,若選擇了一個不適當的方法,既無法解決所遭遇的困難,又不能改變當下的挫折感,甚至帶來更多的失望和痛苦,就稱為「無效控制」。

舉例來說,接電話的行為,是因為在人們的大腦中,有因談話而得到滿足的愉快畫面,所以會去選擇接聽電話。若選擇接聽電話,又能滿足於友誼的慰籍,就是有效控制。又,人也有可能去選擇一個自己並不喜歡的行為,例如:人選擇壓抑,是因為在他(她)大腦中的圖片顯示,與人爭執是不

好的行為，雖然他（她）並不喜歡壓抑的感覺，但為了滿足自我內在對和好的需求，所以他（她）就會企圖強迫自我壓抑，拒絕變更，而一直在不喜歡與無法變更中掙扎。若是因壓抑帶來痛楚，而又無法解決兩難的困惑與無助，就是無效控制。行為體系會因為無法滿足內在的需求，不斷地重組又重組，直到能夠有效控制自我的行為（Glasser, 1990）。但若壓抑雖帶來痛楚，可是卻能因犧牲而帶來內在的滿足感，因被人誇讚而有的成就感，或因退讓使得自我能被接納的歸屬感，仍稱為有效控制。所以當行為體系滿足了內在的需求，有效控制自我的行為時，就不再重組。

若仍以上面提過的例子來說明：父母若能接納孩子的想法，選擇改變自我，改變圖片，重新在優質世界中放入「兒孫自有兒孫福，畫家能賞盡天下美麗也不錯！」或「讀書並非唯一的出路！」又或「品學兼優是我自己的理想，不應將自我的理想套在孩子的身上！」則可能改善彼此的關係，而能選擇有效控制行為。抑或孩子能選擇改變自我，改變圖片，重新在優質世界中放入「將畫畫作為興趣，同樣可以賞盡天下美麗！」或「讀好書以後，將來自己仍可以有機會做自己喜歡的事！」又或「父母是為我好，是愛我的，所以應該好好與父母溝通，幫助他（她）們了解我的願望！」同樣可能改善彼此的關係，而能夠選擇有效控制行為。

㈢總合行為

　　Glasser（1984, 2001）用汽車與行為的比較來解釋總合行為的觀念。他把人的行為視為一個統合整體的總合行為（圖3-7），包含了思想、行動、感覺、生理狀態四個部分。他認為人的行為正如一輛汽車的移動，是靠四個輪子來引導方向；當人對刺激產生反應時，人的思想、行動、感覺和生理狀態，是相互關連而不可分的，是一個統合的整體，稱之為總合行為，這總合行為的呈現是為滿足內在的需求。

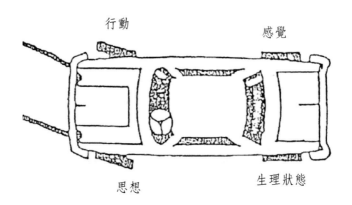

　　　行動　　　　　　　　感覺

　　思想　　　　　生理狀態

圖 3-7　總合行為（Glasser, 1990）

　　Glasser（1984）以想像一輛車前後輪的動作相互配合來說明總合行為。他說思想、行動和感覺、生理狀態間的關係，

就如同汽車的前、後輪，當前輪一轉動，後輪必將跟著變動，是一個整體不可分的總合行為。也就是說：人若變更了行動與思想，感覺及生理狀態也必將隨之變更。Glasser（1984,1990）認為思想會產生行動，並影響感覺和生理狀態的反應。例如：當學生收到成績時，看到成績不理想，心裡就會想：「慘了！考得這麼糟！」當下就會感覺到沮喪、失望和難過，可能接著就會表現出垂頭喪氣的行為，回去睡覺了！當從昏睡中醒來，感覺到自己全身無力，身體軟綿綿的，想起成績考得不理想，心裡就會想：「唉！再讀也沒有用，讀了半天，還是考得這麼爛！」當這樣的想法迴繞在腦中，就更覺難過，感覺到傷心與失望，於是會大哭一場，哭累了，接著又去昏睡……。就像這樣，行為的改變接二連三發生，從思想到行為的反應，心理的感覺到生理狀態的影響，並不是一件一件分段發生的，是整個一瞬間的連鎖行為整體反應。所以行動與思想、感覺及生理狀態，相互間是互為影響，彼此不可分的總合行為。

Glasser 指出，在現實治療法中，心理諮商師的工作，主要是放在協助當事人去選擇或改變他（她）們所能改變的部分，即放在改變行動與想法這兩部分。這並不是說，現實治療法會忽略了感覺與生理狀態，而是因為心理諮商師很難直接改變當事人的感覺與生理變化。所以，若是先去改變當事人的想法或行動，大部分的時候可以發現，感覺與生理狀態也會隨之轉變。因為認知改變了，行為往往就會跟著改變；而思想行為改變了，感覺或情緒也會因此而轉變；當感覺改

變了以後，生理的狀態也會跟著變化（Corey, 1996; Glasser, 1992）。

Glasser（1984）說：總合行為的四部分，是被人的生活需求所決定，就如汽車靠引擎來發動，內在需求就好像汽車的引擎，控制著汽車的行進，人透過汽車的方向盤，操控汽車的行進方向，或進或退、或左或右。汽車的方向盤就如同人的需要，是人所欲達成的需求，為滿足這些需求，或達成需要，人就會選擇合適的行為。因此，總合行為的所有反應都是經過人自己的選擇所產生的（Floyd, 1987; Renna, 1991）。有效滿足自我基本心理需求，是現實治療法所努力追求的目標；除了對自我的行為負責，更重要的是作正確的選擇。

例如：遲到了！第一個產生的念頭一定是「糟了！」而剎那之間就會「低頭、臉紅」地衝進教室；同時必會感覺到「不好意思」而全身「發熱」，整個生理狀態會隨著感覺和思想而變化。同樣，當其中任何一個部分的行為改變，就可以使行為的各部分都發生變化。所以人的思想、行動會影響人的感覺，帶來生理的變化，而這些變化是剎那之間的轉變，一瞬間，行為產生整個的轉變。這也是Glasser選擇理論的核心觀念，因現實治療法強調行為的改變會影響情緒的改變，而非一般所以為的：現實治療法只看重行為而忽略感覺，因Glasser認為行為、思想、感覺與生理狀態是不可分的總合行為。

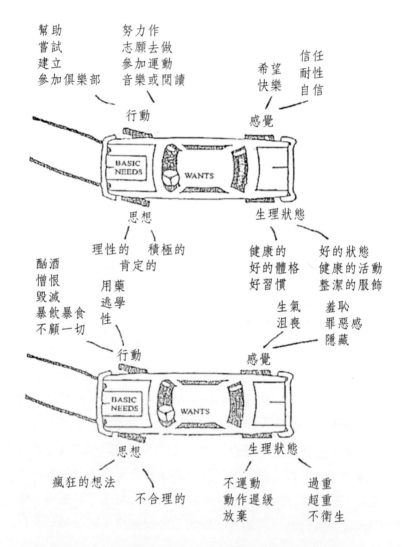

幫助　　努力作
嘗試　　志願去做
建立　　參加運動　　　希望　信任
參加俱樂部　音樂或閱讀　　快樂　耐性
　　　　　　　　　　　　　　　　　自信
　　　　行動　　　　　感覺

BASIC NEEDS　WANTS

　　思想　　　　　生理狀態

　　理性的　積極的　　健康的　好的狀態
　　　　　肯定的　　　好的體格　健康的活動
酗酒　　　　　　　　好習慣　　整潔的服飾
憎恨　　用藥
毀滅　　逃學　　　　　　生氣　　羞恥
暴飲暴食　性　　　　　沮喪　　罪惡感
不顧一切　　　　　　　　　　　隱藏

　　　　行動　　　　　感覺

BASIC NEEDS　WANTS

　　思想　　　　　生理狀態

瘋狂的想法　　　　不運動　　過重
　　　不合理的　　動作遲緩　超重
　　　　　　　　　放棄　　　不衛生

圖 3-8　總合行為體系圖：總合行為互為運作之影響，當
　　　　選擇正面反應時，總合行為的反應結果必然是正
　　　　面的，反之亦然（Glasser, 1990）

　　總合行為的四個部分，好像汽車的四個輪子，掌管著汽車的行進與運作，滿足人的內在基本需求。以下將逐項解析這四部分如何相互關連，產生正面和負面的反應，互為影響而不可分之關係：

1. 思想

　　Glasser（1984, 2000a）將人的認知：思考和想法，看似汽車的左前輪，在大腦控制系統中會影響整個行為的表現，是一種想法與自我告知，包括自發性的思考和非自發性的想法。在控制理論中是以「T」來代表思想，在總合行為中占有極重要的領導地位。

　　Glasser 說汽車的前輪，是引導汽車行進方向的主要部分，當前輪向左轉，後輪也就會跟著左轉。Glasser（1984）說：就好像看恐怖電影時，當看到緊張處，人的心跳就會隨著所看見的影像和情節自然加速。但是，心跳並非自動的加速，而是因為電影中的情節刺激人的大腦，反應出的影像衝擊著人的思考，以致傳出的信息使心跳加速。由此可見人的感覺是被思想所影響，然後影響感覺而造成生理狀態上的反應。

　　Glasser（1984）闡釋思想影響感覺，造成生理狀態產生反應的因應關係，他舉例如下：

　　　　當一個人走進教室，老師正在發考卷，他（她）
　　腦中原本期待的可能是「考試通過」。但當他（她）

拿到考卷時，看到的卻是「成績不及格」，這不及格的分數刺激他（她）所有的知覺，並通知他（她）的大腦，將「考試失敗」的訊息傳達給他（她）。

當一個人想法消極時，總合行為的表現都是消極負面的。但若一個人想法積極時，總合行為的表現就會是積極正面的（圖 3-6）。

因此，這人此時的反應可能是：當訊息刺激著他（她）的大腦時，若他（她）想「我很沮喪」、「我很失望」、「我真糟糕」……這些意念就會直接傳達給感覺，造成沮喪的情緒，接著他（她）可能會立即頹然坐下，哭泣！抑或當這失敗者的意念整個衝擊著他（她）的全部思想時，他（她）整個腦中所想的都是如何逃避面對同學的尷尬。當他（她）有這些想法時，就會令他（她）的感覺又沮喪、又痛苦！他（她）立即會垂頭喪氣，轉身回去宿舍，不想見人。也可能產生另一種可能：當這些訊息刺激他（她）的大腦時，若他（她）所想的是：「一次失敗，並不代表全部的失敗」、「沮喪、失望，並不能改變事實」，或「我不能被打倒」……這些意念也就會傳達給大腦，重新再組因應行為，造成感覺的振奮，接著他（她）可能會立即坐下，重新將書本拿出來，比較考卷上的答案，找出失敗的原因。這激勵的意念會激發著他（她），開始思考如何改變這失敗的困擾，而這些想法就會令他

（她）感覺振奮而積極改變，因而重新振作！（pp. 47-48）

所以，思想改變，行為必會改變。一旦抉擇了積極的思考，所有的行動、感覺及生理狀態，都會以積極正向因應。反之，當決定了消極想法，整個人也就如排山倒海般，又失望、又沮喪，因消極負面的思考會刺激大腦，反應出的感覺衝擊著人的情緒，以致傳出的信息使生理狀態產生變化：例如胃潰瘍、頭暈、軟弱等。因此，可見人的感覺是被思想所影響，遂而影響感覺並在生理狀態上產生反應來因應。

2.行動

Glasser（1984, 2000）將行動比喻作汽車的右前輪，在大腦控制系統中是影響總合行為的重要因素，他以「A」來代表行動，指主動積極的行動和行為導向。他比喻行動和思想就像是汽車的前輪，會帶動後輪的移轉。Glasser（1984）指稱行動是指主動性的行為，例如：說話和走路、起床與工作，是主動積極的行為，有時也會伴隨一些非主動的行為，例如：當說話時，舌頭不會主動的移動，舌頭轉動是因說話帶動口腔與嘴唇，而影響舌頭的移動。

若要滿足行為的改變，思想與行動是不可缺的兩部分。Glasser（1984）依舊以上面所舉之考試成績作為例證，接著描述行動在總合行為中如何影響感覺和生理狀態之反應（圖3-6），他說：

當拿到成績之時，如果這個人想要做一些改變，為下一次的考試做一些努力，就必須先有一些行為的改變，無論是讀書、複習、反覆練習，抑或求助、找人幫忙做補救學習、問老師、請教同學等等，任何一種行動都可以；若是選擇了以上任何一種行動，那麼，都必然會改變以前的結果。但是，若他（她）只是坐在那裡，煩惱、沮喪、抱怨，就什麼都不會改變！

因此，他（她）的反應可能是：當這些訊息刺激著他（她）的大腦時，若他（她）想「我很沮喪」、「我很失望」、「我真糟糕」……，然後他（她）什麼都不做，只是不停的哭泣、抱怨或昏睡，這些想法和行動，就會傳達給感覺，造成沮喪、失望和軟弱無力、昏昏沉沉，接著他（她）可能會回到房間窩在床上一直昏睡，什麼都不能作，也不想做！抑或當這失敗者的想法使他（她）只想逃避，他（她）可能真的會立即轉身回宿舍！這些想法和行動，必會令他（她）垂頭喪氣，了無生氣！

又或，當這些想法刺激他（她）的大腦時，若他（她）想「沒關係！」、「趕快想辦法補救」、或「我不相信自己這麼糟糕！」……，接著他（她）可能立即會將書本拿出來，一方面想要找出失敗的原因，一方面開始重新改變讀書計畫。而這些想法

和行動即刻就會改變心境，令他（她）奮發圖強，
感覺激動而興奮！他（她）會立即重新出發！（p.
49）

Glasser（1984）指出行動的改變必須先從思想上去改變，
雖然有時行動改變也會影響思想改變，但是，人若能積極正
面思考，然後再加上行動，就必能改變困境，俗話說：「化
悲憤為力量！」「行動就是力量！」等，都一再地提醒我們：
行動是改變的開始。因此，Glasser 稱行動與思想好像汽車的
兩個前輪，當前輪移動時，就會帶動後輪的移動。

3.感覺

　　感覺是總合行為的第三部分，例如生氣、快樂、痛苦、
沮喪、焦慮。Glasser 以「F」來代表感覺，在總合行為中將
之比喻為汽車的右後輪，而後輪的運作，常受行動和思想兩
前輪的影響被帶動移轉。

　　Glasser（1984, 2000a）指出：感覺是多元的、複雜的，
感覺中常會隱藏另一種情愫。有時看似快樂、興奮或雀躍，
但其中似乎卻也有著莫名的惆悵或遺憾；又或有時感覺痛苦、
悲傷、煩惱和失望，卻又似乎是悲壯的和興奮的。無論是快
樂或痛苦，就像最初一剎時的想法與行動，往往只有自己知
道，如中國諺語「如人飲水，冷暖自知」。感覺是人本身的
一種覺察，對自我本身最初短暫的體會。感覺是無法隱藏的，
極容易顯示在人的表情中，特別是熟識者，一看就會知道。

所以，無論人是否隱藏自我的感覺，常常在他（她）的行為
中會反應所有的情緒感覺。例如：當一個學生，考試成績考
壞了，也許表面上顯得滿不在乎，但他（她）可能會不自覺
的顯出不耐煩，或是情不自禁的發呆。人的情緒常常不只顯
明在表面，情緒的背後往往隱藏許多潛在的感覺。又如：失
戀，當然是痛苦的，但失戀的痛苦中，常常有悲傷，對失去
的遺憾；有憤怒，對被拋棄的怨恨；甚或有時也有莫名的解
脫感，對自己不再被捲在痛苦中的放鬆感；一層一層的包裹
和纏繞，非常難於釐清和分辨。所以感覺是非常複雜和多元
化的。

　　人常會用感覺來回答別人的問候，諸如：當別人問候說：
「最近好不好？」「都作些什麼？」或「最近忙嗎？」大部
分的人常回答：「非常好，我過得很開心。」「最近好忙喔！
我快累死了！」「好多事喔！我煩都煩死了！」所以，似乎
感覺是所有行為的表徵，常常情緒代表了行為的所有反應。
但實際上，情緒是被行為所影響的，或是說感覺是來自行為
的。因為，必須先有行為，才會有感覺反應；例如：遲到了，
感覺很不好意思！看到壞成績，覺得很羞愧！聽到壞消息，
覺得很沮喪！不管是看到、聽到，或行為的呈現，都是先有
行動才有感覺。以下將正、反面的感覺反應舉例說明之：

(1)積極正面的反應（圖3-8）

　　當一個人選擇積極思考，他（她）必定會先作一個決定，
選擇努力改變，例如：當他（她）決定健康是一件極為重要

的事時（思想），他（她）一定會努力鍛鍊身體（行動），努力鍛鍊的結果就會帶來改變，變得很有精神、有朝氣（感覺）。抑或，當一個失戀者決定不再為失戀悲傷之時（思想），他（她）一定會很努力轉移目標，或打起精神努力工作，或擦乾眼淚重新面對生活（行動），這些努力就會為他（她）帶來改變，使他（她）變得積極，不再暗自神傷，以致帶來希望（感覺）；又或找出失戀的原因（思想），重新改變戀愛策略，了解異性，改變自我（行動）。而這些想法和行動即刻就會改變心情，令他（她）感覺希望與興奮（感覺）。

⑵消極負面的反應（圖3-8）

若只是坐在那裡煩惱、沮喪、抱怨，就什麼都不會改變！這時，可能的反應是：

當一個失敗者選擇意氣消沉（思想），什麼都不作（行動），結果就是不停的哭泣、抱怨或煩惱（感覺）；或一個失戀者選擇放棄（思想），整天自怨自艾（行動），結果這些想法和行動，就會傳達給「感覺」，造成無助、失望和頹喪；又或當一個人失業了，他（她）選擇負面思考和不理性的想法（思想），怨天尤人，整天謾罵（行動），接著他（她）可能會一直怒氣沖天（感覺）。這些想法和行動，必會令他（她）氣憤難當！

所以，感覺的反應亦是如此。積極正向的思想，必會改

變行為，也會帶來正面的感覺反應。一旦抉擇了積極的思考，所有的行動、感覺都會以正面因應。反之，當想法消極，傳出的信息會使整個人既失望又沮喪，因感覺是被思想和行為所影響。

4.生理狀態

　　這是總合行為的第四部分，例如：緊張時，會不由自主的流汗或緊握拳頭，又或壓力太大時，會產生胃潰瘍、頭昏眼花及腰酸背痛等身心症狀。生理反應包括了自發性和非自發性生理的反應，Glasser（1984, 2000a）看生理反應像汽車的左後輪，在大腦控制系統中是被思想和行動影響的行為反應，他以「P」來代表總合行為中的生理反應。

　　Glasser（1984）說：就好像人的性慾是一種生理反應，看起來好似性衝動的結果，但性衝動之所以發生是因著身體中一種類似嗎啡因的賀爾蒙化學物質，刺激到人大腦中的一些特定細胞所造成的影響。行動和思想會影響人生理狀態上正面與負面的反應，他認為正面積極的思想和行動，會帶來正面的生理反應；而負面亦然。

(1)積極正面的反應（圖 3-8）

　　當積極思考時，思想是理性的，行動必然是合理的，帶來的感覺也必然是愉快的，所以生理反應是健康的。例如：當一個人決定努力讀書是極為重要的事，他（她）一定會希望有好成績（思想），就一定會努力用功（行動），努力用

功的結果就會帶來好成績，人也會變得更積極（感覺），每天就會打起精神努力振作（生理狀態），用功讀書。

又如，當一個經理希望賺很多錢時（思想），他（她）一定會很努力工作（行動），這些努力就會為他（她）帶來希望，使他（她）變得興奮、有盼望（感覺），每天都精神百倍的（生理狀態）努力工作賺錢；又或，當一個青年男子想要追求他朝思暮想的女孩子時（思想），他一定會天天穿著得整整齊齊（行動）、心情興奮（感覺），整天都精神抖擻、反應靈敏（生理狀態）。

⑵消極負面的反應（圖 3-8）

假如一個失敗者選擇了意氣消沉（思想），什麼都不作（行動），結果就會毫無生氣（感覺），也會整天昏睡顯得軟弱無力（生理狀態）；抑或一個失戀者選擇放棄（思想），整天自怨自艾（行動），結果就會造成無助與失望（感覺），昏睡終日（生理狀態）；又或失業的人，他（她）選擇負面思考、不理性的想法（思想），怨天尤人，整天謾罵（行動），接著他（她）可能會一直怒氣沖天（感覺），橫眉豎目、臉紅脖子粗（生理狀態），整天不快樂。

因此，Glasser（1984）指出人一生中，從出生到死亡，不斷地表現出各種的行為，而所有行為都是具有目的性的。Glasser 闡釋人的每一個行為都是為了彌補「所想要的」與「知覺到所能得到的」差距，因此，所有行為的產生，總是

由上述的差距不足所引起的（李茂興，1996；廖鳳池，1997；Glasser, 1992）。例如：學生希望滿足成功需求，想要考上大學，但發現自己的能力不足，功課不太好，為了彌補這差距，就必須用功讀書，反覆練習，努力去達成目標。Glasser（1984, p.48）表示：

> 若用「感到沮喪」、「感到頭痛」、「感到生氣」及「感到焦慮」等說法來形容人的行為時，就已經顯示著被動的語氣，更缺乏責任感，好像是因外在的影響而帶來的結果，是不正確的表達。因行為既是一個整體的總合反應，感覺不能代替所有其他的行為反應，也不只是行為的一部分，感覺應與其他行為反應統合而成為整體的表現。因此，正確的說法應該是：以總合行為的模式來表達，將這些行為想成是一個整體的表現，並以動詞型態來描述，例如：「沮喪著」、「頭痛著」、「生氣著」、「焦慮著」等。

Wubbolding（1988）曾引用 Glasser 的總合行為來解釋人的行為之所以產生的原因。他說人之行為是為了改變外在的世界來配合自己內心慾望的影像，人選擇了自己的行為，因此也選擇了自己的命運。就如前面所舉之例：當學生收到成績時，看到成績不理想，就會想：「慘了！考得這麼壞！」當他（她）選擇沮喪、失望和難過時，心裡的感覺立刻反應

出沮喪、失望和難過，然後他（她）的行為就會表現出垂頭喪氣的模樣，一路沮喪地走回去睡覺了！因為他（她）頭腦中的好學生圖像是應當有好成績的，而當他（她）的成績無法滿足內心慾望的影像，他（她）就選擇了沮喪與昏睡。所以他（她）的行為就反映出他（她）的抉擇。但是，若他（她）選擇積極、努力與反省，則他（她）立刻就有了不同的行為反應，他（她）可能去找老師討論成績不理想的原因，也可能去向同學借考卷參考，找出失敗的原因，這時，他（她）的感覺必然反映出積極、熱切和興奮，而他（她）生理狀態上的反應一定也是熱切與健康的。所以選擇正面和積極的行為，必然帶來理性與健康的結果；而選擇負面和消極的行為，則會帶來混亂與軟弱的結果。因此，Wubbolding（1988）稱命運的抉擇是操縱在自我的手中。

現實治療法：理論與實務

第四章

現實治療的實施
方法與技巧 I
循環諮商歷程

現實治療法：理論與實務

90

Glasser 藉著臨床的實務應用，不斷地研發現實治療的理論與技巧，歷年來有了許多的加強與修正。首先在理論上，加入了「控制理論」，再將控制理論改名為「選擇理論」；Glasser 認為人有能力決定如何達成滿足自我的需求，而這些行為是有選擇性的，當決定選擇這些行為時，就已決定選擇有效控制（李茂興，1996；廖鳳池，1997；Glasser, 1997）。Glasser（1984）不斷地強調：每一個行為的決定，在當下都是最好的決定，因為每一個決定都是為滿足自我內在的需求。在治療歷程、治療技術與應用技巧上，也從有名的八大步驟的治療技巧，改為循環諮商的治療歷程，以致現實治療愈加能有效處理各種不同層面的心理問題（Corey, 1991; N. Glasser, 1989; Glasser, 1992, 2000a; Wubbolding, 1988）。

Glasser（1986）認為諮商心理師必須與當事人先建立一良好的治療關係。Glasser（2000）指出：和諧共融的關係是有效選擇的基礎，唯有在積極、正面而樂觀的治療環境中，當事人才能被激發面對自我問題的能力。設立了良好的輔導環境，才能建立和諧輔導關係，使當事人確信他（她）們能得到確實的治療。諮商心理師必須真誠的表達他們協助的意願，使當事人產生安全感。Glasser（1998）更提出關係的建立是解決一切問題的基礎；諮商心理師真誠的態度，可以使當事人之歸屬需求得到滿足，而願意說明自己的問題以請求幫助。

只有確定建立良好的治療環境和關係，然後才能開始正式的療程，也才有能力幫助當事人，願意去探索自我在基本

心理需求上的困擾，有效制定行動和計畫來解決問題。不過，由於當事人常常會因許多外在因素的干擾造成影響而改變，以致無法執行原先所制定的計畫，所以必須在執行前先作評估，幫助當事人預先思考可能影響的變數來校正或修改計畫、方法、策略，或改變執行的步驟，最終與當事人取得共識，決定一個適當可行的計畫以達成目標。在討論的同時，氣氛的營造是使當事人被激勵產生自我覺察力的必要條件；而「環境」與「療程」這兩個步驟在同時間會因當事人與諮商心理師間的互動關係、輔導技巧與問答模式，不斷的交互循環、運作，直到個案的問題達到解決（Wubbolding, 1988）。

Glasser（1990）闡明現實治療法是一種不斷前進的治療歷程，又稱為「行動治療法」。這歷程包括了兩個部分：「環境」與「療程」。Glasser 相信諮商輔導的藝術，是不斷在交互運作「環境」的設置與「療程」這兩個步驟（Corey, 1991）。這兩個不斷前進交互運作的步驟，引導著行為的改變（圖4-1），稱為「循環諮商歷程」（Glasser & Wubbolding, 1995; Wubbolding, 1988）。這兩個不斷前進的步驟相互交織，幫助當事人運用這歷程，直至當事人得到有效的改變；認識自我的需求，對自己的行為負責，改正自我觀念，進而能評估自我的生命，及選擇更有效的行為，過一個有意義的生活（陳志賢，1997）。

循環諮商歷程圖

療　　　　　　　　　　　　　　　　　　　　　療

評估
幫助當事人評估所抉擇之行動的可行性，並確定行為之抉擇是否能滿足自我內在需求

行動
引導當事人重建總合行為，並幫助確定實踐所抉擇之行動

計畫
幫助當事人改變生活方向，選擇一個可實行的計畫（簡單的、可行的、一致的、有立即效果的、可控制的、此時此刻、必須約定協成）

需求
3.與當事人達成協定
2.分享個人需求與感覺
1.探討個人需求：
　歸屬感、權力感、
　自由感、趣味感

建立當事人與輔導間的良好友誼關係

程　　　　　　　　　　　　　　　　　　　　　程

（續下圖）　**93**

（承上圖）

環　　　必要	必不　　　環
1. 運用專注技巧 *2.* 要一致、尊重、給與盼望、熱誠、積極、穩重、清晰和真誠 *3.* 禁止論斷 *4.* 不期盼：幫當事人從最低的層次去達成 *5.* 運用幽默感 *6.* 做你自己：誠實面對自己，做真實的你 *7.* 分享自我經驗 *8.* 傾聽陳述中的隱喻 *9.* 傾聽主要問題 *10.* 摘要與聚焦 *11.* 允許承受自己行為的後果 *12.* 允許當事人沉默 *13.* 同理心 *14.* 注重諮商倫理：處理自殺……等 *15.* 重複提問 *16.* 教導當事人了解，唯有自願改變才有希望 *17.* 設定界線	*1.* 辯論 *2.* 輕視 *3.* 批判 *4.* 貶低或降格 *5.* 鼓勵找藉口 *6.* 挑剔 *7.* 輕易放棄

境 ← 繼續不斷提供一個溫暖的環境使當事人不斷成長 境

圖 4-1 循環諮商歷程：「環境」與「療程」的交相運作歷程（Wubbolding, 1992）

如何有效進行循環諮商歷程

首先必須先建立適當的諮商「環境」，然後，當良好的諮商「環境」被建立後，奠定當事人與諮商心理師間的共融關係的基礎，才能展開諮商療程，以達成治療的目標（Glasser, 1986; N. Glasser, 1989; Wubbolding, 1988）。

一、建立適當的諮商環境

現實治療法最看重的是建立「和諧共融」的關係，當事人與諮商心理師間的良好友誼關係是成功的關鍵。諮商心理師必須先為當事人創造一個支持性的環境，規範建立起融洽關係的必要原則，以為後續的諮商歷程奠定基礎（Glasser, 1986; N. Glasser, 1989; Wubbolding, 1988）。

Glasser（1984, 2000）指出，只有建立了共融的關係，才有辦法幫助當事人滿足需求，消除痛苦。善意的忠告常常對當事人來說是無效的，因為他（她）們無法在毫無共融的關係下振作起來──缺少共融的關係將不可能幫助一個人得到滿足。例如：憂鬱症，面對生理上的抑鬱狀態，當事人往往知道需要振作，也明明曉得應該強自打起精神來，可是卻無

95

法勝過莫名的無力感，若只是一味忠告勸導，可能只會徒增當事人的壓力，而無法幫助當事人振作。除非能幫助當事人，讓他（她）體會對他（她）的支持與包容，以及同理他（她）的無力與無助感，更無條件的接納他（她）所需要的時間和空間，在他（她）每一個努力的行為中給與鼓勵，幫助他（她）一點一點的建立自信，產生能力，重新建構新的行為，滿足自我的需求。

Glasser 又指出，有些人因無法產生與他人建立共融關係的能力，即使擁有許多關心他（她）的人，諸如伴侶、朋友、家人，也有一份好的工作，但卻因無法接受別人的關心，仍會感覺孤單（曾端真，1988，2001）。因為，當一個人無法產生與他人建立共融關係的能力，就無法接受他人的關心，也不能去關心別人。例如：自殺的人，周圍雖有著一群關心他（她）的人，但卻因他（她）沒有能力接受別人的關心，又無法承受寂寞、孤單，而寧願走上自殺之途。一個人若失去了面對生命的勇氣，根本沒有力氣環顧周遭的一切，他（她）眼中所及的只有自己的痛苦與困難，怎麼可能有能力去與苦難奮鬥。又，若一個人無法從他所重視的人那裡，獲得賴以因應現實環境的力量與勇氣，就會以一些不合理的方法來滿足需求。就像一個人若失戀了，遭受背棄或被拒，很可能會因憤怒而採取報復行為，滿足宣洩怒氣的需求。因為當人試圖強迫他人做他（她）所不願意做的，或相信別人有能力控制自我的行為，就會選擇不合宜或不負責的行為。Glasser（1998）指出，人與人的關係常是造成人困擾的原因，只

有處理好人際關係，才有能力處理其他的困擾；惟有當一個人能得到愛與歸屬需求的滿足，在共融的關係中才有能力面對自己的問題，也才有能力改變自我行為，為自己的選擇負責。

因此，人的一生中，都必須能和人維繫共融的關係，只要失去了人與人之間的親密歸屬關係，便無法得到心理需求的滿足。Glasser（1998）認為心理疾病的產生，都是因為缺少了能與之產生共融的人，使其心理需求得不到滿足所致。一個人只要知道仍有人關心著他（她），縱使流落在荒島上，也必會產生生存的力量，便可能會盡一切的力量為關心他（她）的人而努力存活。若一個人發現沒人在乎他（她），那麼他（她）的所作所為就會失去意義，因此再也沒有活下去的勇氣了（曾端真，1988）。人需要被關心、被重視、被接納，因被尊重的感覺，可以刺激人產生自尊自重感。特別當這人能感覺到被接納、被尊重，才能幫助他（她）有能力與現實世界接觸，而使其能在現實世界中獲得滿足。所以，透過共融關係的建立，諮商心理師既可幫助當事人與現實世界建立關係，又可從中獲取力量。諮商心理師必須有這些特質，並藉著共融的關係，才能幫助當事人重建自我。

創造和諧共融關係的必要原則和技巧

Glasser 指出建立融洽輔導關係的原則有：「必要」與「必不」兩法則，代替了原有之「八大步驟」，更擴充了共

融與治療關係之互動原則，使現實治療法能更有效的幫助當事人（Corey, 1991; Wubbolding, 1988）。

1. 原則一：「必要」守則

現實治療強調諮商心理師必須要以友善的態度，關懷當事人所面對的困難，為當事人創造一溫暖的治療環境。Glasser強調只有在溫暖的氣氛中才能鼓舞當事人，產生足夠的能量為自己行為負責（Wubbolding, 1988）。下列為「必要」守則的技巧：

(1)運用專注技巧

諮商心理師必須非常專注地傾聽當事人陳述，眼神要專一而關切，以眼睛觸動當事人，使其感受全心全意的關切。諮商心理師更應用積極傾聽技巧，傾聽對方的故事及有技巧地發問。這樣的共融關係使當事人可以感覺到世界上有人真正關心，願意與他（她）一起來承受痛苦，並面對他的困擾與問題。

(2)要一致、尊重、給與盼望、熱誠、積極、穩重、清晰和真誠

諮商心理師在諮商的過程中必須前後一致，不因任何主觀概念批判當事人的陳述，更完全接納和尊重當事人可以有自己的意見和看法，永遠和善而有禮的對待當事人。總是給與當事人希望，對任何一點點的成效都要讚賞，即使當事人僅達成一小部分仍要鼓勵。例如：戒菸，當事人常會因沒有

能力戒掉菸癮而感到失望，很容易因失敗而輕易放棄；但戒除菸癮是極不容易的，諮商心理師必須讓當事人了解並不斷的鼓勵，即使當事人只能做到少抽一根菸，仍要讚美和鼓勵。

諮商心理師必須給當事人希望，永遠以正面、積極的態度來鼓勵當事人。以積極、溫暖、真誠和熱切的態度給與當事人支持，可以使當事人對自我產生自信，而開始學習接納自我，如此才能有足夠的能量來改變自己的行為，為自己的選擇負責；諮商心理師必須常肯定當事人，使當事人不再懷疑，堅信自己可以完成自己的抉擇。例如：當事人常因失敗而覺挫折，失去自信，因此，諮商心理師的肯定可以支持當事人；反之，口氣的遲疑，就會令當事人心虛而不敢相信自我，以致放棄。

(3)禁止論斷

關懷和尊重是建立彼此信任關係的基礎（Corey, 1991）。諮商心理師須無條件的接受當事人，無論當事人能否達成約定的行為，諮商心理師都須接納；不批判、更不論斷，讓當事人能因諮商心理師無條件的接納，學習自我接納，達成改變。例如：若當事人無法達成承諾，因毅力不夠而無法改變，諮商心理師絕不可以論斷的語氣批評：「我早就知道你做不到，你偏說你能，你看吧，還不是做不到！」又如：減肥失敗，就故意說一些刺激的話：「我早就知道你永遠都做不到。」「你看吧！減肥哪有那麼容易！像你這麼沒恆心的人，早就該放棄的！」批評論斷只能使當事人更挫敗。而「論

斷」，常會打擊當事人的自信，使當事人產生沮喪。因此治療者應以鼓勵代替論斷，諸如：「愈挫愈勇」、「失敗為成功之母」、「不經驗失敗，就不能體驗成功的喜樂」或「苦難不是災難！只有歷經困難的人，才有能力面對挫折，也才能體貼痛苦的人」。減肥失敗，可以說：「讓我們一起來找出困難，看看是什麼原因使你無法持續有恆的運動！」或「反正我們已經失敗過那麼多次，再失敗也不過是增加一次。沒關係，再重新振作，我們再試一次！」又或「革命都需要經過十次才能成功，我們再想想辦法，看能不能成功」。

(4)不期盼

絕不過度期待，給當事人機會從成功經驗中建立自我接納。運用各種不同的技巧來面對當事人的問題，可以使當事人從不同的角度看清自己的問題。面質與矛盾技巧，可以幫助當事人覺察自我衝突；大部分的人都有過度期待的困難，愈是自卑的人愈容易陷入自我期待，而愈多的期盼會帶來更大的挫折感，所以必須幫助當事人重新建構對自我的認同和肯定（Petterson & Parr, 1982）。

例如：在戒菸的案例中提醒當事人回顧自己曾經驗過的失敗：「上次你已決定不再抽菸，可是只戒了一天！看來戒菸對你來說相當困難！是什麼原因使你仍要立下志向，一根菸都不抽？你是不是已有把握能讓自己去面對更大的挫折感？」或幫助當事人不要因過度期待給自己帶來太多的壓力，反使自己壓傷：「一小步一小步穩紮穩打的走，是否更勝於

跨一大步而摔倒？」

諮商心理師需幫助當事人不要因期盼太高而招來困惑，同樣，諮商心理師也必須不因對當事人期盼過高而給當事人壓力。又如：若當事人抱怨自己很煩惱、憂慮、沮喪，亦可藉「矛盾法」幫助當事人覺察自我的衝突，例如：「說說看，你一整天都是怎麼個沮喪法的？」又或：「你是否願意每天固定排一個小時，盡情的讓你自己去憂鬱、沮喪和煩惱？」這種矛盾法，能使當事人從「感覺」中拔出而代以「行為」處理之。

⑸運用幽默感

Glasser 指出，風趣、幽默可以滿足當事人的娛樂需求，幫助當事人以積極正面的態度面對困難；他認為幽默感是必須運用的技巧。因一個人能自由而非自虐的幽默，是一種自我平衡的表達。事實上，有能力幽自己一默，能以正面的態度面對自己的缺點或錯誤，是心理健康的呈現。若諮商心理師在建立治療關係時使用幽默，可使關係變得輕鬆自在，也讓當事人有機會學習以健康、正面的方式來面對自己的失敗與弱點。

Glasser 認為在治療的初期，當事人可以談論任何有興趣的主題，而不必局限於述說自己的苦難、困擾與煩惱。這樣的友善融洽關係可以擴展當事人的思想，並使他（她）體會到世界上有趣的事遠比他（她）的困境與問題要多得多（陳志賢，1997）。

(6)做你自己

現實治療看重的是「真誠」，諮商心理師應以自己真實的面貌來面對當事人，按照自己的人格特質來面對當事人，而非改變自己去將就當事人。諮商心理師的真實個性與表現，可使當事人有機會學習自我接納和肯定，以健康、正面的方式來面對自己的軟弱與缺點，而不是用一種假象來要求自我、壓抑自我。若諮商心理師不滿意當事人的抱怨，就要告訴他（她）：「你抱怨治療進步太慢，是指治療的方法不好，還是指不滿意你自己？因為我覺得我自己在整個治療的過程中滿努力的，是否我們可以來檢討到底是什麼地方出了問題？」

Glasser 認為諮商心理師不需隱瞞自己的感覺，而暗自飲泣、自責，或代當事人受過，將當事人的錯誤背負在自己身上；諮商心理師在治療的關係中，內在經驗與外在表現是一致的，諮商心理師的坦誠在治療的關係中能促進當事人情感的表達，使當事人學習真實地面對自己，更能真誠地面對人（Wobbolding, 1992）。

若諮商心理師發現當事人表裡不一致時，應當即時停止諮商，因當事人不喜歡或不贊同時卻假裝接納，治療是不會有效的。同樣地，諮商心理師假裝接納當事人的表現，更會影響治療關係；因為，諮商心理師也是有情緒的，在整個諮商過程中，適當的傳達和傾訴，可以幫助當事人調整自己的情緒，當事人或能因為認知諮商心理師的情緒而增加信任。因此「真誠」是建立治療者和當事人之間的橋梁（陳志賢，

1997）。

現
實
治
療
的
實
施
方
法
與
技
巧
I

(7)分享自我經驗

諮商心理師藉自我呈述分享自己的經驗是很重要的；因
藉著諮商心理師自我經驗的呈現，可以幫助當事人從不同的
角度看清自己的問題。若當事人發現自己不是唯一面對困難
者，或了解別人也有相同困擾時，可以幫助當事人重新評估
自我，或重新以不同的態度來面對自己。但要注意輔導倫理
的限制，不因過度自我呈述，使諮商心理師或當事人超越限
制（Wobbolding, 1992）。例如：諮商心理師自己曾經歷過寫
論文的沮喪和失意，可以幫助當事人覺察自己身陷論文困境
的失望，其實並不如自己想像的糟；或諮商心理師自己曾經
驗過失戀之痛，可以讓當事人感受被同理的體貼，支持當事
人的失意情緒，並分擔失去的傷痛，可以幫助當事人走出傷
痛；又如：面對失去家人的痛楚和悲傷，諮商心理師自己的
經歷可以幫助當事人了解，自己表現得那麼傷心與失序是正
常的。

(8)傾聽陳述中的隱喻

傾聽當事人陳述問題中所表達之真正喻意。當事人往往
無法將自己的困擾清楚明白的陳述；當事人可能知道自己情
緒上的表徵，但無法講明白其潛意識中真正的內在需求。因
此諮商心理師需傾聽其中所包含之隱喻、象徵或喻意，並幫
助當事人能清楚表達，經過澄清而確實幫助當事人了解自己
的真正需求；不僅是諮商心理師去聽，也幫助當事人自己傾

103

聽自己的需要。例如：當事人一直陳述他多麼討厭他的室友，生氣室友不理人，或抱怨室友的驕傲態度，或一天到晚見不著室友的人影時，諮商心理師可說：「你說你很討厭你的室友，整天見不著人影，即使見到又不愛理人，看起來跩跩的。其實你很生氣和失望，是因為你覺得自己被人遺棄很孤單。」

(9)傾聽主要問題

傾聽當事人的描述與表達，不僅要「聽懂」更要「聽到」當事人內在真正的心理需求。當事人常常會陳述許多的觀點，因而模糊了主題焦點，有時當事人在面對自我的需要時，也無法統整自我真正的需求。諸如當事人可能覺得需要幫助修正偏差的行為，覺得自己無法控制自己的情緒、態度或行為，聽起來似乎因無法自制而盼望能夠掌控自我行為（權力需求），但其實背後真正的需求是想要獲得家人或父母的接納，希望家人因自己的態度改變而能有更多的接納，滿足歸屬需求。當事人面對自我許多的需要，有時自己也弄不清楚真正想要什麼？但諮商心理師需要幫助當事人澄清他（她）主要的問題，內在真正的心理需求，從當事人的思想、感覺、行為，及身體語言中摘出重要的圖片，幫助當事人看見自己的問題。「你真正要什麼？」Glasser（1990）認為人的內在需求會影響一個人的行為抉擇，所以確定真正的內在需要是極為重要的。諮商心理師必須用心傾聽當事人的主要問題，讓當事人感覺自己被注意、被傾聽。

⑽摘要與聚焦

諮商心理師需要重述當事人所陳述的問題，但不是鸚鵡般重複當事人的話，而是從當事人的思想、感覺、行為中摘出重要的圖片，幫助當事人看見自己的問題。諮商心理師專注於當事人的主要問題，簡單扼要地重新陳述當事人的話，以幫助當事人更確切的了解其真正之需求，藉著澄清當事人中心思想與問題所帶來的感覺，提出主題並歸納重點，回饋對當事人陳述內容的感受，讓當事人也能確定諮商心理師確實了解當事人之感受，及澄清不同於當事人的看法，幫助當事人因了解自己的問題而能聚焦於問題的核心，以致能選擇正確的行為來面對焦點問題和解決問題（Wobbolding, 1992）。

⑾允許承受自己行為的後果

當事人必須為自己的行為負責。Glasser（1965）表示，人無法對自己的行為負責，是因為心靈無法得到滿足而生病了，而當人心裡有欠缺，是因為無法對自己的行為負責。Glasser（1965）一再指出，不負責任是需要被治療的基本原因，而負責任的行為則是能「滿足一個人基本需要的能力」（p. 16）。因此，人須為所選擇的行為負責，因每一個行為的抉擇，都是為滿足自己基本的生理或心理需求。所以，無論如何，人所選擇的行為，在當時都被認為是最好的抉擇；因為Glasser認為每一個行為的決定都是經過大腦的判斷和評估，然後才被選擇來滿足自我內在的需求，所以人應當為其行為結果負責。

⑿允許當事人沉默

Glasser（1990）相信：既然每一個行為在當下都被認為是最好的抉擇，因此，當事人選擇靜默時，在那一刻亦當被認為是為滿足內在需求最好的抉擇。既然如此，就必須讓當事人能有時間自己思考並能為自己的行為負責，故當允許當事人沉默，給與沉默的空間。

又或，當事人的沉默，有時可能是陷於自我的矛盾，在能與不能、困擾與澄清之間，這時諮商心理師就更需給當事人時間，幫助當事人能有足夠的時間做思想的轉圜、圖片的轉換或觀念的澄清。沉默，有時是極重要的技巧，諮商心理師需要極為小心的應用，不要讓當事人感到壓迫感，或因時間的空白而著急，忙著填補，以致失去了原有的目的。

⒀同理心

諮商心理師必須要從當事人的角度去看事情，才能真正感受到當事人的內在需求。了解、接納及尊重是同理的第一步；給與耐心的等候，諮商心理師不能用自己的價值觀來評斷當事人的需要，必須關切當事人的期望，完全接受當事人的感覺、態度和行為。因同理的了解是指諮商心理師感受到，當事人的情感就好像自己的情感一樣，但卻不會迷失在這些情感中；諮商心理師藉著在當事人經驗世界中的體會，不只對其已知部分表示了解，同時對其未知或模糊知覺到的體驗，也能說出其所以代表的意義。

諮商心理師在諮商輔導的工作中，最重要的是能敏銳地、

正確地了解當事人在此時此刻所表達的體驗與情感，諮商心理師應努力去覺察當事人的主觀經驗，尤其是此時此刻的經驗。目的是要鼓勵當事人更能覺察自我，深入的體會自己內在的情感，並且認識和解決內在的不一致；諮商心理師要幫助當事人擴展他們對情感的覺察力。同理的了解更是一種與當事人共有的個人認同感，從分享當事人的主觀經驗中，藉著調整諮商心理師自己類似的感情經驗，而深入了解當事人的情感世界，進而幫助當事人認識自己的真實自我（李茂興，1996）。

⒁注重諮商倫理

每一個從事心理輔導工作者都必須熟習諮商倫理的法則，必須知道如何處理當事人可能發生的自傷、自殺、傷人，或殺人的行為，必須與當事人達成協定，澄清所有的可能性，而不致違反諮商倫理原則。

諮商心理師有責任提醒當事人注重諮商倫理，在開始建立關係以前必須先說明「保密」與「預警」的原則。若當事人在其陳述中有任何自傷、自殺、傷人或殺人的行為，諮商心理師都必須打破保密原則，向相關人員預警，以防止可能的傷害發生。為自己的行為負責，是現實治療中極為重要的一環；所以當事人若決定選擇錯誤的行為，就必須為自己負責。諮商心理師必須提醒當事人要為自己的每一個行為抉擇負責，但是，諮商心理師有責任事先幫助當事人澄清和分析，使其了解每一個行為抉擇的後果，了解自己的責任，即使是

自殺行為，當事人同樣得為自己選擇自殺行為負責，並要讓他（她）了解自己要為自殺行為的後果負責；尤其要讓他（她）了解諮商心理師亦有責任保護他（她）的安全，有責任預警。例如：「你覺得無法再面對現在的痛苦，以致決定選擇自殺，這樣是不是會讓自己所愛的人痛苦？告訴我是什麼原因使你願意選擇一個既會傷害自己，又會傷害家人的行為？你是否可以承受家人痛苦的重擔？」或「在我們約定的協議下，我必須通知你的家人，你覺得他（她）們可以面對你決定拋棄他（她）們的痛苦嗎？」（Wubbolding, 1988）

⒂重複提問

有時必須從不同的角度重複提出問題，以幫助當事人澄清觀念上的混淆。當事人有時對自己的問題不能很清楚的把握，諮商心理師需要一再地重複同一種問題，使當事人能因重複的思考而澄清自我主觀的概念，以確定自我行為的抉擇是否能符合真正自我內在的需求。例如：當事人決定要讀完研究所，拿到學位，到底是為滿足自己的成功需求，還是為了滿足家人對自己的期望？若為了滿足家人的期待，為何卻沒有動力，無法積極完成論文？又，若既非為了滿足自我的需求，為何選擇勉強自己繼續讀研究所？反覆的查問「你真正要什麼？」可以幫助當事人澄清自我內在真正的需求。

⒃教導當事人了解，唯有自願改變才有希望

必須幫助和教導當事人覺察，只有當自己願意改變，治療才有希望。當事人常常不願面對自己不負責任的行為，有

時抑或因不了解自己而常會有一些不當的防衛與藉口，例如：
「我沒有時間做……」、「我做了，但是沒有用……」、「我
知道，可是……」這些藉口常會變成阻礙，因當事人或因不
願面對自己的行為，或不願改變，又或面對內在自我需求太
痛苦了，以致在不自覺中會與諮商心理師玩起「是的……可
是……」的心理遊戲，使治療停滯不前。所以諮商心理師必
須幫助和教導當事人覺察，提醒或面質當事人面對自己不負
責任的行為。在治療的過程中，面質可以幫助諮商心理師以
一種對立的、不接受任何解釋的態度，教導當事人面對自己
不負責任的行為，看清阻礙成功的不當防衛與藉口。這是一
種較尖銳而敏感的技術，需要以良好的共融關係做為基礎，
才不致成為一種變相的處罰。因此，當諮商心理師與當事人
彼此間建立起信任的關係之後，諮商心理師便能根據目前的
事實及「現在」的行為後果面質當事人。適當的面質可以幫
助當事人對預設目標更加努力，但不適當的面質則會破壞治
療關係，使當事人覺得被拒絕。因此，適時表達真誠與關懷
的態度是很重要的（Corey, 1991; Wubbolding, 1992；陳志賢，
1997）。

當事人因覺察而能產生自覺，轉而自願改變態度為自己
的行為負責，此時治療即開始產生效果。因此，幫助當事人
明白，只有當他（她）自願改變時，或自願努力付諸行動，
治療才會有希望。

(17)設定界線

設限，在諮商關係中是很重要的。一個專業諮商心理師必須很小心地處理其諮商關係；當事人與諮商心理師的關係必須要設定範圍限制，包括治療關係與個人生活範圍。諮商心理師必須設定輔導計畫中所能給與當事人的時間與關懷；他（她）只能在每週一或二小時的約定時間內，與當事人建立真正的共融關係，決不允許約定之外的過度相處與交往。因為無限制的給與，不僅會使當事人無法面對生活中的困擾，也無法幫助當事人學習為自我行為負責，更會剝奪當事人參與人群、學習自信、走向積極自我認同的機會。唯有在當事人能清楚了解治療的時間與限制時，才能有機會被教導和學習為自己的行為負責，以及勇於面對自我生活中的難題；設限反而會產生意想不到的治療效果（陳志賢，1997）。

此外，縱使有設限的要求，在特別的情況下，亦會需要治療之外的接觸，諮商心理師有時需承諾：「若有緊急的事故需要幫忙，你（妳）隨時可以打電話給我。」；又或，諮商心理師也可以邀請當事人：「我希望當你（妳）有好消息要分享時，也能讓我知道！」大多數的當事人會很訝異，諮商心理師竟然會對他們的成功那麼關心與感興趣（曾端真，1988）。

2.原則二：「必不」守則

在輔導過程中另有七項「必不」可作的行為，亦為極重

要的治療技巧。創造一個溫暖的治療環境，鼓勵當事人繼續不斷的為自己的行為負責，面對自我生活中的難題，是諮商心理師必須繼續不斷努力的工作，所以任何會影響治療關係的因素都必須排除（Glasser & Wubbolding, 1995; Wubbolding, 1992）。下列為「必不」守則的七大技巧：

(1)辯論

諮商心理師「必不」與當事人作無謂的辯論。諮商心理師最重要的工作是幫助當事人分析問題的癥結，和幫助當事人了解如何解決生活中的難題。諮商心理師需要幫助當事人針對問題層層解析，探尋更深的自我內在需求，以致能覺察自我的困擾，改變不適當的行為，而能因此滿足內在真正的需求，使生命更有意義。

若當事人無法覺察而不肯為自己的行為負責時，或當事人選擇了不合適的行為，諮商心理師不需費時強辯。有時有必要讓當事人經驗挫折，從失敗中覺察自我因固執帶來的失意，但諮商心理師可以面質當事人抉擇的初衷，或因選擇帶來的困擾。例如：「當初你（妳）決定這樣做時，無論我們如何討論，你（妳）堅決保證絕對做得到，可是現在卻未能完成，可否談談你（妳）的困難或無法達成的原因？」或「假如你（妳）堅持這樣做，你（妳）是否能面對可能帶來的錯誤或失敗？」讓當事人自我覺察，勝過辯解和指責，因為與當事人辯論常導致挫折感（Wubbolding, 1988, 1992）。

(2)輕視

諮商心理師「決不」輕看當事人的任何感覺或看法。諮商心理師在治療的關係中，必須向當事人表達無條件的接納與深切關懷，不對當事人的情感、思想與行為作好壞的評論和批評。諮商心理師應看重當事人的意見，包容當事人任何的想法與做法，並不附加任何條件給與最溫暖的接納。在治療的過程中，表達的關懷、讚美、接納愈多，以及以一種非占有的方式對待當事人，治療成功的機會就愈大。若諮商心理師輕視當事人，或表現厭煩的態度，治療是不會有效果的（Wubbolding, 1992）。

(3)批判

諮商心理師必須對當事人表達無條件的深切關懷，不對當事人的情感、思想與行為作好壞的評估和批判（Wubbolding, 1988, 1992）。「決不」批判當事人的任何抉擇，即使失敗仍不可批判；諮商心理師必須能接納當事人的錯誤，並需了解他們的任何行為。有時，當事人會故意用不合理的行為來試探諮商心理師，此時，諮商心理師不需要驚慌失措，必須冷靜面對其不當的行為。若當事人能感覺諮商心理師無條件的接納、了解及包容，而又能冷靜的處理他（她）的問題時，就能很快的建立共融關係。

即使當事人無法達成原有的承諾，諮商心理師亦不可批評：「我早就說過你（妳）做不到，你（妳）偏不聽，你（妳）看，還不是做不到！」或「上次就已經分析得清清楚

楚的,早就告訴你(妳)結果一定很糟,早知如此,又何必
當初呢?」這些批判的行為會破壞諮商心理師與當事人之間
所建立的共融關係,而更糟的是使當事人感受壓力而失去自
信,或因害怕挫折而不敢再作決定,怕被責備而不敢再嘗試
改變。

(4)貶低或降格

諮商心理師必須給與當事人必要的尊重和接納,不能貶
低,也不可歧視,要相信當事人有能力處理自己的問題,「必
不」可用自己的價值觀來評斷當事人的需要,更需關切當事
人對諮商的期望,耐心的等候。諮商心理師必須接受當事人
的感覺、態度和行為,看重當事人並溫馨的接納而不附加任
何條件;因為Glasser相信,唯有溫暖、積極、正面的環境,
才能激發當事人幫助他(她)有足夠的潛能去面對困擾、解
決問題。

諮商心理師與當事人之間必須是平等的對待,諮商心理
師應當先表達本身的真誠、實在與客觀,向當事人解釋諮商
的限制、架構、過程、可能用到的技巧、方法。並幫助當事
人了解自我的責任,需要面對的問題與困擾,因當事人並非
病人,只是需要幫助者,使當事人確實了解治療過程,可以
增加其安全與信任感。尤其,Glasser不斷警告不負責任是需
要被治療的基本原因,認為人若能對自己的行為負責就不會
生病。因此,尊重與接納,可以提供足夠的支持,幫助當事
人有能力為所選擇的行為負責,滿足自己基本的生理或心理

113

需求。

(5)鼓勵找藉口

反對當事人為不負責任的無效行為找藉口；諮商心理師必須堅定、一致，要能經得起當事人的一切言行。無論是當事人請求或威脅，諮商心理師都必須能維持鎮定，堅守立場。也就是諮商心理師不僅自己以堅定的態度過負責的生活，也必須能堅定的指引當事人面對現實，即使在負起責任面對現實時會有一些痛苦，諮商心理師亦不能縱容當事人的不負責行為。諮商心理師有責任幫助當事人重視為其行為負責的價值觀，因此，必須拒絕任何藉口。若當事人未能執行已協議過的行為，或沒有能力完成計畫而改變，諮商心理師需再協助當事人重新檢討計畫執行的情況，了解困難及不能執行的原因，但是，必須堅持拒絕接受各種藉口。必須幫助當事人了解，「藉口」只是一種自我欺騙的行為，雖然暫時安逸，或逃避面對問題和困擾，但最終卻會導致失敗。

Glasser（1984, 1990, 2000）認為拒絕接受藉口，灌輸積極的生活信念，幫助當事人相信自己有能力可以重新控制其行為，是現實治療中最重要的工作。諮商心理師應當幫助當事人積極討論現在的行為、評估實際可滿足的內在需求、引導當事人擬定明確的改變計畫，並切實執行，才能真正達成治療目標。

(6)挑剔

諮商心理師「決不」能挑剔和懲罰當事人，因施以懲戒

或負面的批評都不是改變行為的有效方法。若諮商心理師不斷的挑剔只會讓當事人受挫，打擊當事人的自信；懲戒或批評除了讓當事人學會自責，在未受到懲罰的情況下，當事人甚至會學會接受自己行為的「合理結果」，認定自己是沒有能力改善自己行為的。例如：精神疾病患者常藉口自己是病人，所以沒有能力作任何改變；諮商心理師可以接受他（她）生病的事實，能力不足也是事實，但並不表示他（她）完全是沒有能力的，除非他（她）選擇了什麼也不作。因為他（她）仍可以從事某一些自己選擇可作的行為，即使是極輕微的工作，也能帶來成功的經驗，使其因這些經驗體會自我的潛力，而走出困境。但決不挑剔，只是鼓勵和支持。

諮商心理師藉著不挑剔、不批評、拒絕接受藉口、不做判斷等，讓當事人有足夠的空間，找到真正滿足其需求的途徑。因為諮商心理師的責任是協助當事人能學習為自己的行為負責，確認自己是否真正願意改變行為，滿足自我內在的需求。

(7)輕易放棄

當事人未放棄時，諮商心理師「決不」輕言放棄；而且，即使當事人感到灰心，諮商心理師仍不能輕易放棄。Glasser（1984, 1990, 2000c）認為諮商心理師應當積極鼓勵，協助當事人尋找滿足其自我內在需求的方法。即使在整個療程中，當事人幾乎不能遵守諾言改變行為，諮商心理師仍不可輕言放棄，必須堅定相信當事人有能力過一個更負責任的生活，

尋找可能的方法幫助當事人走出困境。

如果諮商心理師放棄了，可能就會強化當事人原先認為沒有人會真正關心他（她）的信念。實際上，當事人常常「期望」著別人放棄他，因他（她）對自我失去自信，極易受挫，此時若諮商心理師再認為他（她）們是無法改變、沒有希望的人，那麼就更難有機會幫助當事人改變了。因此，只要當事人不放棄，諮商心理師決不輕言放棄。Glasser（1990）認為，促使達成改變行為之目標的重要技巧，是不輕易放棄和緊迫跟進，以避免當事人逃避現實、尋找藉口、自我放棄。諮商心理師必須幫助當事人對預定達成的行為目標做仔細的分析、計畫的擬定，及促進計畫的行動。周詳的準備與演練，能增加當事人面對情境表現適當行為的成功率，而不會因為失敗產生挫折而放棄。所以，防範遭受打擊與挫折，避免輕易放棄，是現實治療所重視的一環，也是一般治療法中所忽略的部分。

二、引導改變的「WDEP」諮商療程

當良好的諮商「環境」被建立，當事人與諮商心理師間的融洽友誼奠定了共融關係的基礎後，才能展開「WDEP」的諮商療程（Glasser, 1986; N. Glasser, 1989; Wubbolding, 1988）。Glasser 以 WDEP 來說明四個階段的療程，每一個英文字母各代表治療過程中的一個階段（Wubbolding, 1988,

1992）：

W ＝ Want　需求
D ＝ Doing　行動與引導
E ＝ Evaluation　評估
P ＝ Plans　計畫與承諾

Glasser（1992）指出，唯有當事人能夠：清楚了解自我內在真正的需求、明白自己現在的行為會阻礙自己獲得想要的東西、能確定自己所選擇的行為可以滿足自我內在的需求，及有能力為自己計畫過一個真正有意義的生活，治療才算完成，才能產生真正的效果。

需求→行動→評估→計畫等四個階段是引導改變的必經諮商療程。四個階段的療程分別說明如下：

㈠需求「W」

諮商心理師經由詢問，有技巧的鼓勵當事人確認、界定及重新探討自我內在的生理和心理需求，及自我期待要如何計畫以滿足這些需求。幫助當事人探索其內在「優質世界」的「圖片」；Glasser（1989）解釋人的頭腦好像一個控制系統不停的在運作，而人有四種內在的基本心理需求，為滿足這些基本需求，遂在大腦的優質世界裡形成一些滿足內在需求時的圖片。所有行為的產生都是為了因應控制外在現實世

界以滿足內在需求。人所經驗到現實世界中的事物，經由知覺系統中價值和知識過濾器加以澄清、評估，然後在感覺世界中形成圖像，再經由比較區與優質世界中所儲存的圖片比較，人為了滿足這些需求，就會選擇適當的行為以因應（張傳琳，2000）。所以，幫助當事人探討和了解自我內在的需求，是治療中最重要的一個階段，此階段共分成三個層面來探討：

1. 探討個人自我內在基本生理與心理需求

　　Glasser強調現實治療的總目標是諮商心理師需要幫助當事人學習各種方法，重新取得對生活的控制權，並過更令人滿意的生活；因此，諮商心理師在治療過程中必須協助當事人找出最有效的方法，以滿足其歸屬、權力、自由、趣味等需求。

2. 分享個人內在真正的需求與感覺

　　經過澄清與確定，當事人清楚了解自我真正的需求後，必須更明確幫助當事人明白自己現在的行為會阻礙自己所想要獲得的生活，唯有滿足自我真正的需求才可以改變不適當的行為，使生活更有意義。例如：想要畢業獲得文憑，對當事人是很重要的，因得到學位，家人會以他（她）為榮，使父母欣慰，全家都歡喜快樂（滿足成就需求）。但是，事實上卻因無法定下心來寫論文，以致拖拖拉拉無法完成。所以若當事人要滿足成就需求、滿足權力感，就必須努力寫論文，

不再抱怨，不再拖欠，每天按照計畫、進度完成，若有任何困難，可以找老師討論，或想辦法解決而非逃避。因此，改變不適當的行為，就可以滿足自己所想要獲得的生活。

Glasser（1990, 2000a）進一步指出，當人不斷地受挫於現實環境，而無法滿足內在心理需求時，人往往會改變行為來滿足這些需求，人的內在世界不僅止於反映現實世界的真實情形，而是反映感覺世界中存在的方式，因此，行為是個人欲控制其對外在世界的知覺，以迎合為滿足心理需求所創造的內在世界之意圖（Campbell, 1985）。例如：論文寫不出來，又無法解決，可能就會以打電動或昏睡來逃避，以取代面對寫不出來的挫折與痛苦。Glasser（1990, 2000c）指陳：人的行為有其目的，這些行為源自人內在的知覺與選擇，而非外在環境的控制。雖然外在環境的力量或壓力會影響人的決定，但人的行為並非由這些外在壓力造成，而是人對外在壓力的內在知覺所造成。行為的抉擇來自人意圖得到或滿足他（她）所要的及有效地控制自己的生活。例如：實在無法忍受面對寫不出論文的痛苦，就會選擇逃避，以打電動的成就感來取代挫折感，以短暫的樂趣取代挫折的痛苦。

應幫助當事人達成此步驟：包括面質當事人去評量自己正在做些什麼、想些什麼及感覺到什麼，並思考是否有更好的方式能使這些運作讓自己滿意。諮商心理師幫助當事人探討其感覺意識中的想法，進而增進其覺察能力。若當事人覺察到他（她）正使用無效的行為在控制其生活時，他（她）就可能願意學習更開放地選擇多種不同的行為方式，以解決

自我困境。例如：不再抱怨、不再拖欠，每天找老師或學長姐討論，按計畫完成進度，若有任何困難，以尋找解決方法代替逃避，不再以打電動或昏睡來取代面對困難，或以短暫的樂趣取代挫折的痛苦。因此，改變不當行為，就可以滿足自己所想要獲得的生活！若當事人想要滿足成就需求，滿足權力感，就必須努力寫論文。

現實治療法強調要幫助當事人探索自我需求，尋求更有效的方法，解決問題，使當事人能有效處理其生活。因此幫助當事人了解自我內在真正的需求，需與當事人分享他（她）的感覺，深入內在感覺世界，使其因能自我覺察而產生改變行為的動力（Glasser, 1986; N. Glasser, 1989; Wubbolding, 1988）。

3.與當事人達成協議

諮商心理師與當事人的協議是現實治療中最重要的一個步驟，因「協議」是行動的第一步。期望滿足內在的需求，就必須要有改變的行動。首先當事人須探討自己正在進行的行為，是否能滿足自己的需求？接著再探討有哪些行為需要改變。一旦當事人做完自我評估後，諮商心理師需要協助他們擬定一個改變的計畫，並協議如何付諸行動。Glasser（1989, 1992）強調，既然人有能力控制自己的行為，而無法控制其他人的行為，因此欲控制環繞周圍事件之最佳途徑，就是透過「自我」的行動解決問題。幫助當事人有能力執行所希望改變的行為是治療的最終目標。因此，若當事人清楚覺察自

我的真正需求，又清楚了解自己若期望滿足自己的需求，過一個更有意義的生活，就必須付諸行動，為所期待的結果改變自己的行為（李茂興，1996）。

但是，大部分的人往往有能力規畫，卻沒有能力或毅力執行計畫，Glasser（1965）指出負責任的行為是能滿足一個人基本需要的能力。所以，幫助當事人確實達成一個負責任的行動是極為重要的；若治療者能以一個有形的記號來提醒當事人，幫助當事人確切執行自己所決定的計畫，才能為整個療程劃下一個完美的句點。此記號以「握手」或「簽約」作為一種協議的表達，提醒當事人有責任完成自己所決定的行為。

在決定過程中，溫暖的治療環境仍是被強調的；Glasser（1990）不斷的提醒：建立和諧共融的關係，是鼓舞當事人產生足夠能量為自己行為負責的助力。現實治療強調諮商心理師必須對當事人表達無條件的深切關懷、絕不批判當事人的任何抉擇、接納錯誤、冷靜面對其不當的行為。所以協議也包括對不當決定的接納，若當事人決定執行一個不適當的行動，諮商心理師依然需要支持當事人去經歷，為自己的行為負責，再從錯誤中學習和改變，因經歷錯誤，可幫助當事人覺察自我判斷的差異與重建價值觀（Wubbolding, 1988）。

㈡行動「D」

其意指：導引方向、改變行為，成為具體的行動。諮商

心理師需要引導當事人抉擇適當的行為，重建總合行為的四個部分：思想、行動、感覺、生理狀態，使其能一致行動。當行動（A）與思想（T）改變時，會帶動感覺（F）及生理狀態（P）之改變。總合行為的四部分，是靠著人對自我的內在需求來決定，就好像人透過方向盤，可以控制汽車的行進折轉（Floyd, 1987; Renna, 1993; 張傳琳，2000）。

所以導引行動開展，要先改變思想。例如：當事人知道自己想要得到好成績，想要父母開心，想要滿足自我歸屬需求，又想要達到自我成就需求，那麼他（她）就必須用功讀書，必須全心全意來達成這個願望：「我一定要考好！得到好成績，讓爸媽高興，讓同學羨慕！」以意念思考帶動行為的轉變，影響情緒的表達，產生生理的反應，這四個部分都要一致，才能開動。又如：想畢業獲得學位，要先有想完成的動機，才會想辦法去達成，一旦有了想要達成的意念，情緒自然會高漲，一定就會變得積極、主動地找途徑、想方法解決困難，而能達成心願。

一旦當事人決定所期望改變的行為後，諮商心理師必須幫助當事人確定如何能確切實踐所抉擇之行動；與當事人一起討論行動的方向，與目前不適當行為可能產生的阻擾。現實治療法強調當事人現在的行為，也會探討對目前行為具有影響力的過去事件。這種對於現在的重視，可從諮商心理師不斷的發問而看出：「你現在可以做什麼來滿足你的需求？」「是否有任何有用的方法是你曾經嘗試過且有助於這些事的？」或「你現在已經開始了哪些步驟？」

即使困擾的產生可能溯源於過去的傷害，當事人現在仍必須學習選擇更好的方法去處理現在的行為，以便能滿足自我內在需求，得到自己所想要獲得的生活。Glasser（1989, 1992）認為，不論過去如何挫敗，均已無法再改變，「現在」唯一能做的就是協助當事人改變行為，來滿足自我需求。Glasser（2000a）強調，若探討過去有助於當事人規畫出更好的明天，那麼可就此困擾加以討論，找出取代現在使自己陷入困境的行為。例如，如果當事人小時候曾遭受性侵害，Glasser仍強調解決「現實」問題的重要性。唯有在有助於解決現在的問題時，才可探索孩提時期的受虐事件之傷害；若只停留在過去的痛苦中，當事人往往會停滯不前，滿足於自憐。人既非像佛洛伊德所認定的無用者，就應為自己選擇的行為負責；自憐所帶來的是停滯，就必須為毫無進展負責，而不只是抱怨停滯。若不喜歡停滯的焦慮就必須行動，不再抱怨命運多舛，而是定睛未來，努力改善現在。

Glasser認為，現實治療師的工作在於引導當事人處理現在的不當狀況；當事人必須學習如何過現實的生活，而不要糾纏在幼年的傷害或痛楚中。例如：對暴力或破碎家庭的孩子而言，過去的傷害已經造成，時光永不能再倒退；雖然家庭暴力或破碎帶來的痛苦是事實，也真的無法彌補。但是，人雖無法選擇環境、改變過去，也無法選擇父母，但人可以選擇生命，選擇自己所要過的生活。所以，人要選擇光明或晦暗的生命，或積極與消極的生活，全取決於自我的選擇。若只肯停留在痛苦、悔恨、抱怨及仇視中，既不可能改變過

去傷痛的事實，也只好生活在晦暗生命中。如當事人肯換一張圖片，走出痛苦的陰影，讓過去的悲傷、痛楚劃下句點，接受自己受傷害的事實和痛苦的感覺，學習去處理和紓解，雖然依舊有痛楚，但，重新選擇一個新的生活態度，卻可以為自己帶來生命的轉機，面對未來；到底自己想要選擇什麼樣的生活，在於個人的抉擇。若期望有一個快樂的生活，卻不肯忘記過去的痛苦，如何能過得快樂，或成為一個快樂的人？

具體的行動，是現實治療歷程中所著重的技巧。改變當事人目前的行為，實際去執行所擬定的行動計畫，知道「我現在正在做什麼？」或確定「我若這樣做能獲得什麼樣的結果？」「全看我能做什麼？或我是否能停止這些無用的行為」諮商心理師在晤談中可以根據問答模式（見圖5-1），用一連串的問題幫助當事人澄清目前的行為，以確定行動帶來的效果：「你現在要做什麼？」「上星期，你實際上做了些什麼？」「上星期，你想要做些什麼不同的事來改變你的生活？」「你說你想要去做，是什麼事情耽擱你去做呢？」「明天你決定要怎麼做才能達到目標？」

㈢評估「E」

幫助當事人評估所抉擇之行動的可行性，並確定所抉擇的行為是否能滿足自我內在需求。

治療過程中最重要的部分，是要求當事人對所抉擇之行

動評估其之可行性：「有用嗎？」「這能滿足你自我內在需求嗎？」諮商心理師透過晤談，幫助當事人反省其行為，確定現在所做的能達到他（她）所想要達成的目標。

諮商心理師的責任是協助當事人檢討他（她）行為的後果，及督促他（她）對自己的行為做判斷，評估行動的結果；檢討並評鑑其總合行為的各項要素「TAFP」間是否有任何矛盾、差距？例如：面對一位失戀的當事人，「你（妳）不斷的強調你（妳）期望能趕快振作起來，你（妳）很不喜歡這種長期沮喪、失望的感覺，可是，看起來你（妳）卻什麼也沒作，只是整天坐在這裡哭泣。我了解你（妳）的痛苦，當然你（妳）需要時間紓解你（妳）的情緒，但是我很難理解，也很想知道，如果只是坐在這裡哭泣能否幫助你（妳）重新振作起來？」或「你一直以為自己應該振作起來，但實際上你還沒有準備好，假如你還需要多一點的時間紓解你的情緒，是不是可以多給自己一點時間與空間？」──要振作！是行動（A）；想要振作！是思想（T），無論行動或思想都是積極振作的行為，但感情上卻忍不住會一直難過，所以心理的感覺（F）是傷心的，因悲傷而流淚是生理上自然的反應，以致無法停止哭泣（P）；所以從總合行為的反應來看，是不一致的、是矛盾的。因此當事人是否需要考慮因生理、感覺上的需求，多給自己一點時間宣洩悲傷，而非一味強迫自己要振作起來？

諮商心理師應對其總合行為中的思想、行動、感覺，以及生理狀態反應（TAFP），根據現實治療療程中的「WDEP」

四個步驟逐項評估，以確定每一個步驟的適當性。以減肥為例（表4-1），首先評估：

1. W/TAFP：「你要什麼？」來確認總合行為中的思想（T）

「我要減肥！」再確認行動（A）：「我要天天運動一小時來幫助減肥」，然後確認感覺（F）：「我要開始採取行動，天天運動一小時來幫助減肥，愈想就愈興奮！」再確認生理狀態（P）：「我整個身體充滿活力，準備全力以赴！」

2.D/TAFP：評估「如何引導達成目標？使減肥成功？」再確認總合行為中的思想（T）

「我一定要做到天天運動一小時來達到成功減肥！」再確認行動（A）：「每天早上起床後立刻去慢跑一小時」，然後確認感覺（F）：「為天天清晨能慢跑一小時，感覺非常雀躍與興奮，一想到能減肥成功，就很高興！」再確認生理狀態（P）：「全身上下充滿活力，準備開始！」

3. E/TAFP：再確實「評估（E）整個計畫的可行性。這樣的方法是否能達到 減肥成功？」以此來確認總合行為中的思想（T）

「若是天天清晨慢跑一小時是否能減肥成功！」再確認行動（A）：「每天早上起床後立刻去慢跑一小時，是否有用？」然後確認感覺（F）：「整個人是否天天都能維持雀躍

表 4-1　WDEP/ TAFP：選擇理論（TAFP）在現實治療（WDEP）中的實踐評估表

選擇理論 現實治療	思想 「T」	行動 「A」	感覺 「F」	生理狀態 「P」
W 你要什麼？	我要減肥！	我天天運動一小時來幫助減肥！	我一想到要開始採取行動，天天運動一小時來幫助減肥，就興奮萬分！	我整個身體充滿活力，準備全力以赴！
D 如何達成目標？使減肥成功？	我一定要做到天天運動一小時，來達到成功減肥！	我每天早上起床後立刻去慢跑一小時。	為天天清晨能慢跑一小時，感覺非常雀躍與興奮，一想到能減肥成功就興奮！	我全身上下充滿活力，準備開始。
E 評估整個計畫的可行性？這樣的方法是否能達到減肥成功？	若是天天清晨慢跑一小時是否能減肥成功？	每天早上起床後立刻去慢跑一小時，是否有用？	整個人是否天天都能維持雀躍與興奮，達成減肥目標？	整個人的心力是否都已進入戰備狀態？
P 整個計畫能否成功？是否需要重新計畫？	只要有恆心，一定能成功！我只要天天清晨慢跑一小時，就必能減肥成功！	早上起床後立刻慢跑一小時，保證計畫確實有用！	減肥計畫能令我興奮，我決定天天慢跑，達成減肥目標！	每天都是精神抖擻、全力以赴。

與興奮，達成減肥目標！」再確認生理（P）：「整個人的心力是否都已進入戰備狀態！」若評估後計畫是有用的，就繼續執行；若計畫無效，就需重新計畫。

4. P/TAFP：再確實評估「是否需要重新計畫（P）？整個計畫能否成功？」以此來檢試總合行為中的思想（T）

「天天清晨慢跑一小時果真能減肥成功！」再確認行動（A）：「早上起床後立刻慢跑一小時，保證計畫確實有用！」然後確認感覺（F）：「減肥計畫能令我興奮，我決定天天慢跑，達成減肥目標！」最後確認生理（P）：「每天都是精神抖擻、全力以赴！」若計畫有效，就繼續執行；否則再回頭重新思考，這樣的計畫能否滿足內在真正的需求。

評估與確認才能真正幫助當事人覺察自我真正的需求。若內在的需要是被同情、被安慰，就必須先滿足當事人內在自我需求，給與當事人時間、空間，讓當事人的感情得到適當處置後，再來制定計畫幫助當事人振作，而非勉強當事人去達成一個無法達到的目標，因強迫振作，而產生困擾（Wubbolding, 1988）。

確實的分析與討論每一個步驟是評估過程中的一環，也是一種認知與覺察的過程。諮商心理師可以和當事人討論個人的信念、想法、生活態度等種種問題，討論時，不同的意見是被接納的；討論可以讓當事人更深入的認識自我內在的需要，提升其自我價值、自我認同。所以，按著問答模式有

技巧的發問（參考圖 5-1），可協助當事人評估其行為，幫助當事人自我分析，這些問題包括：「那些行為是有成效的？」「我需要做些什麼使之更有用？」「我還能增加些什麼行為？」「你可否作任何的改變來幫助你完成計畫？」

評估現在的行為，並確定這些行為的抉擇能滿足自我內在需求。若無效，則需找出障礙和困難，重做計畫，或改變方法，或降低標準，必須確定這些行為的抉擇能滿足自我內在需求。例如：因過胖而造成低自尊的當事人，決定減肥是為了能提升自我形象，但卻因無法克制口慾，不能禁止自己吃消夜而失望。雖然定下了不吃消夜的決定，卻因無法達成而對自我失望。所以，完全不吃消夜的標準可能太高，而不能達成，因此需要降低標準，改成隔天吃，或減少食量。行為需經過評估後不斷改善，逐步逐項的修正，以幫助當事人達成目標，滿足內在需求。

㈣計畫「P」：計畫與承諾

諮商心理師必須正面積極的鼓勵當事人，絕不責備、不放棄、不妥協、不辯論、不批判，在共融的關係中幫助當事人的行為得到更有效的控制，使計畫達成滿足需求（Glasser, 1990）。在諮商心理師與當事人共同努力下擬定計畫後，當事人必須承諾執行此計畫，但此計畫必須經過審慎評量，以確定其可行性（表 4-2）。行動計畫的擬定與執行，正象徵著當事人有能力重新控制其生活。諮商心理師可能需要提供當

表 4-2　觀察計畫評量表

一個好的計畫是：

簡單：單純、不複雜

短小：必須能在短時間完成的，或一定可以達成的

繼續：能不斷進行，決不會停擺

獨立：可以單獨進行，不需要依賴別人

重複：可以每天進行，可以逐步一點一點完成的

立即：可以立即開始進行，不需要等待的

特別：包括 5W（內容、時間、地點、如何進行、誰來執行？）

承諾：需要給與承諾，保證執行所答應之決定；可以學習盡責和發展責任心

記錄：書面寫下所有計畫的內容，以明確具體的執行

	要做什麼？	能做什麼？	計畫評估！	重新計畫！
現實治療的實施	真正盼望做什麼？真正內在的需求是什麼？內心所期待的圖片是什麼？	思想、感覺、行動，和生理的反應是什麼？預備怎麼做？	這樣可否滿足你的需求？計畫真正可行嗎？是否需要改變？	選擇一個實際有效的計畫！成功的計畫可以滿足需求！
第一週實施的評量				
第二週實施的評量				

事人各種新資訊，並協助他（她）找出更有效的方法去滿足需求。計畫之目的在於使當事人體驗到成功的經驗；在整個規畫過程中，諮商心理師要不斷地督促當事人為自己的選擇與行動負責任。一個人能為自己的行為負責是成功的第一步（Glasser & Wubbolding, 1995; Wubbolding, 1988）。

經過評估後，諮商心理師協助當事人選擇一個可實行的計畫，一個具體的行動計畫，能更有效控制生活；因為現實治療是一個立即行動的治療法。Wubbolding（1988, 1992）指出，「規畫」與「承諾」是極為重要的，最好的計畫是簡單、短小、能繼續不斷進行的，是獨立、特別、能重複使用，且能立即開始進行、不需要等待的，當計畫確定後必須得到當事人的承諾，與當事人約定協成，使計畫立刻執行。但在執行計畫前，應先與當事人共同評估此一計畫，以確定該計畫是否實際可行，以及是否能真正滿足自我的內在需求（李茂興，1996；Wubbolding, 1988, 1992）。原則如下：

1. 簡單

良好的計畫應是簡單、不複雜，而且容易明瞭、容易達成；因為成功的經驗可以帶來自信，可以幫助當事人有勇氣繼續嘗試。

2. 短小

必須是短時間可以完成，且一定可以達到。諮商心理師需要幫助當事人了解，即使是很小、很容易達到的計畫，仍

是邁向改變的重要步驟。

3.繼續不斷進行的

計畫要能不斷地執行而不會停擺；最好能每天、每週繼續不斷的演進，使行為能因不停的操練而改進。例如：肯定訓練，需要制定計畫每天不斷的練習自我讚美、接納，和認同，直到熟練而不再需要藉由他人的接納來肯定自我。

4.獨立的

諮商心理師應鼓勵當事人擬定自己能獨自執行的計畫，有時執行須依賴他人的配合，常會使當事人感到自己無法開創自己的命運，好像必須要操縱在別人的手上，而感覺無奈；又或，往往成為無法達成目標的藉口，例如：減肥者計畫每天打網球，但卻因球伴難尋而觸礁；若是如此，可以將計畫改為慢跑、游泳，或散步等獨立可行的運動，讓自己無法找藉口。

5.清楚明列，註明時間、地點、內容、如何做、做多少、和誰一起作等等？

計畫應該仔細明列各個步驟及內容，必須具體寫明，以致能測量計畫的效果，與執行的可能性；若計畫太模糊，往往會影響執行的效果，或發生意想不到的困難與障礙。例如：事先未想清楚地點或同伴，可能因約不到人而無法成行；抑或臨時才發現人多嘴雜，難下決定，地點反而變成了阻礙的

因素。

6.重複的

有效的計畫應該能夠反覆執行，而且最好是每天都能重複的做。例如：運動減肥計畫，設定慢跑作為天天可進行的運動，不需受天氣、人數，或地點而改變。

7.立即性的

計畫需立即執行，延遲往往會成為失敗的藉口。現實治療看重的是「現在」，面對現實問題和目前困擾的行為，立即成效亦可使當事人立刻經歷成功，而有助行為改變的決心。例如：「為了改變你的生活，你今天願意做些什麼？」或「你說你希望能停止沮喪感，那麼現在你能做些什麼幫助你自己達到此目的？」

8.達成協議

除非當事人承諾執行，否則所擬定計畫將會淪為空談。諮商心理師應當幫助當事人學習發展自我的負責能力，確定計畫能執行是每一當事人的責任，成功經驗可以促使當事人過一種負責任的生活；為使當事人承諾執行其計畫，必須要求當事人以書面將計畫寫出：應如何執行、何時進行、如何做、誰來做？詳細明列每一個步驟以確定計畫真正能執行。確定後，與當事人「握手」、「拍掌」或雙方「簽約」達成協議，以提醒當事人有責任完成自己所決定的行為，完成計

畫。

　　計畫要有彈性，容許修改；下面的自我改進計畫可作為計畫執行的參考（表4-3）。每一次計畫的執行都需再評估，當計畫在現實生活中執行後，應再次評估：「計畫是否有幫助？」「計畫是否能滿足內在需求？」如果效果不佳，應再重新評估，並考慮其他的替代方案，重新計畫後再出發。如

表 4-3　自我改進計畫

步驟	Step1	Step 2	Step 3	Step 4	Step 5
執行計畫	我要什麼？何時開始？何時結束？	我現在要做什麼？	我所做的會得到怎樣的結果？	我要怎麼改進使我的計畫更有效？	我承諾我一定會執行我的計畫
每天進行狀況					

步驟	Step 6	Step 7	Step 8	Step 9	Step 10
執行計畫	我今天是否仍依照計畫執行？	我是否有任何藉口影響執行計畫？	結果如何？	再確定我要什麼？	重新評估我的計畫！是否協議執行或修改？
之後幾天執行狀況					

此，計畫、行動、評估、再計畫、再評估，直至滿足個案真正的需求。

9.記錄

將計畫寫下，是現實治療非常重要的一個步驟。因「寫下來」是執行的第一個具體行動，可以幫助當事人對自己所期待的目標更清楚詳盡的了解，且有機會檢視和評估。

「觀察計畫評量表」與「自我改進計畫表」兩表皆是幫助當事人在執行計畫時運用的記錄工具。

⑴「觀察計畫評量表」（表 4-2）

是觀察一週計畫的進行，配合諮商心理師的晤談。當諮商心理師與當事人確立了執行的計畫後，由當事人在計畫表上寫下所預計的目標、行動，然後由當事人繼續在一週的進行中做評估與修正。以減肥為例，在第一週的實施計畫表格中，填上諮商心理師與當事人所研商的計畫步驟：我要減重五公斤，使我能看起來苗條一點（需求）；第一週我要達成減重一公斤的目標（行動），所以這一週我每天都要游泳一小時，並且不再吃消夜和零食。由當事人在這一週中去執行所計畫的工作，並評估自我執行能力，若有困難，當事人可以做任何所期望的修正。諸如：無法每天去游泳一小時，則可改為隔天去或減為半小時；最重要的是能達成計畫。當下一週諮商心理師與當事人見面時，就需對這一週的執行計畫做評估，如果執行成功，則繼續執行以達最初的目標；若有

任何困難，諮商心理師則需與當事人商討修正與改善。重新評估，然後幫助當事人在第二週繼續努力；諮商心理師既不責備，也不接受藉口，只一意幫助當事人達成他（她）的需求。

(2)「自我改進計畫表」（表 4-3）

是幫助當事人更仔細的評估自己每天的進行狀況。當事人在與諮商心理師確定了執行計畫後，每一天檢視自我進行的情況，是否有任何狀況發生影響計畫的執行？例如：我要減重五公斤，使我能看起來苗條一點（需求）；每一週我都要減重一公斤（行動），所以我每天要游泳一小時，並且不再吃消夜和零食。然後幫助當事人學習自我檢視與修正計畫：

①檢視

我今天是否按計畫執行？我今天游泳了嗎？有沒有吃零食？未完成的原因是什麼？

- 因為有許多朋友來玩，帶來了許多特產，所以忍不住就吃了許多，也因他（她）們來而無法去游泳！

②改進的方法

如果有朋友來會影響我的計畫，我要如何改進和修正？（當事人可以做的改進建議）

a. 我可以告訴朋友我的減肥計畫，及不能吃零食的原因。

b. 他（她）們來的時候我就請他（她）們不要帶零

食來。

c. 若無法辜負朋友的好意一定要吃，就只吃一塊，或淺嘗一口。

d. 若不能游泳，就用跑步來代替，或可以用跳繩代替；或作仰臥起坐來代替等等。

③重新計畫

a. 在下一次與諮商心理師見面時，重新對上一週的執行計畫做評估，若是有任何困難，則改進；若執行成功，可給與讚美與鼓勵，並邀請當事人再繼續執行同樣計畫，以達成最初所定之目標。

b. 若是有任何困難，諮商心理師則需與當事人商討修正與改善。重新評估，然後幫助當事人在第二週繼續努力，一步一步逐漸改進，以達成目標；諮商心理師既不責備，也不接受藉口，但給與鼓勵和包容，幫助當事人確實達成他（她）的需求。

現實治療法：理論與實務

第五章

現實治療的實施方法與技巧 II

現實治療基本的決定模式

現實治療法：理論與實務

現實治療基本的決定模式，是有效應用循環諮商歷程進行治療的基礎。諮商歷程運用環境與療程兩個不斷前進的步驟相互交織循環，引導當事人與諮商心理師間的互動關係，直到問題解決；而唯有適當的問答與技巧，才可以確實幫諮商心理師有效的運用這歷程。

下列決定模式與技巧圖表（圖 5-1），可以幫助了解如何依循著 WDEP 療程，循環進行治療：了解真正的內在需求，進行改變或調適，評估計畫可行性，經討論後改變不適當的部分或再規畫，尋找適當的方案，以致能幫助當事人選擇最有效的方法，使他（她）能夠過一個有意義的生活。

壹、如何有效應用現實治療決定模式進行循環諮商歷程

決定模式是依照循環諮商歷程 WDEP 的程序進行，逐一解析如下：

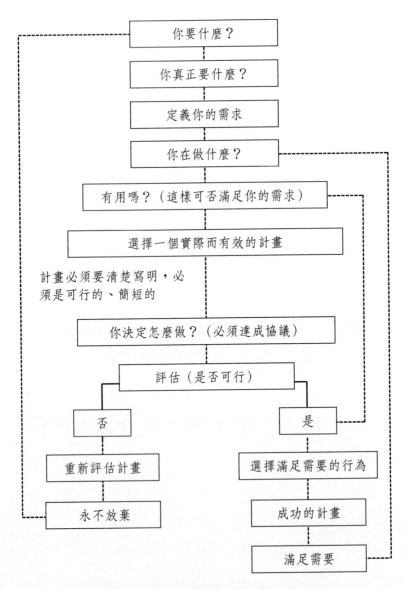

你要什麼？

你真正要什麼？

定義你的需求

你在做什麼？

有用嗎？（這樣可否滿足你的需求）

選擇一個實際而有效的計畫

計畫必須要清楚寫明，必須是可行的、簡短的

你決定怎麼做？（必須達成協議）

評估（是否可行）

否

是

重新評估計畫

選擇滿足需要的行為

永不放棄

成功的計畫

滿足需要

圖 5-1　循環諮商歷程中的決定模式與技巧

一、澄清需求

㈠你要什麼？

問答的開始起於基本需求的探討，首先，需要了解當事人的需求：「你要什麼？」在此須仔細傾聽當事人的描述與表達，了解當事人內在的心理需求。所以確定當事人的需求是現實治療決定模式進行的第一步，也是極為重要的一步。

㈡你真正要什麼？

當事人在面對自我的許多需要時，有時很難統整自我的真正需求，例如：當事人可能覺得需要幫助修正自我偏差的行為，希望改變自己易怒的行為，覺得自己無法控制自己的情緒、態度或行為。聽起來似乎因無法自制，而盼望能夠學習掌控自我行為，但實際上，背後真正的需求是想要獲得家人或父母的接納，希望家人因自己的態度改變，而願接納自己，滿足歸屬需求。當事人在面對自我需求時，常常自己也弄不清楚真正想要的是什麼，所以諮商心理師需要幫助當事人澄清他（她）內在真正的心理需求，從當事人的思想、感覺、行為，及身體語言中摘出重要的圖片，幫助當事人看清

143

自己的問題所在，找出真正的需求。所以，第二步是確定「你真正要什麼？」

㈢確定你的需求

當確定當事人的真正需求後，還要與當事人澄清內在心理需求的種類，亦即「確定你的需求」。因需求往往相互交纏、互相牽制，看似單純，卻又層層相連。所有的需求包括生存感、歸屬感、權力感、自由感與趣味感。所以必須幫助當事人確定他（她）內在真正期待滿足的需求，才能確定行動。

有時當事人同時有兩方面的需求，既需要滿足歸屬感，又需要擁有權力感，所以必須幫助當事人看見自己的問題，找出優先順序。但是，Glasser（2000a）指出，愛與歸屬是一切需求的基礎，強調親密關係是其他基本內在需求之鑰，愛與歸屬的滿足，可以產生極大的能量與動力，去克服所遭遇的困境，在前面的章節中已詳細解說，不再贅述。

因此，諮商心理師需要幫助當事人，澄清他（她）的中心思想，提出問題並幫助他（她）歸納重點，讓當事人能確定自己內在之感受與需求，因幫助當事人滿足自己想要滿足的需求是極為重要的。只有當他（她）了解自己的需求時，才能選擇正確的行為，進而面對問題、解決問題。

二、決定行動

㈠你在做什麼？

當事人找出自己真正的需求後，諮商心理師與當事人一起討論要怎樣作才能滿足自我內在的需求。現實治療法最重要的步驟就是「行動」，因許多人常常知道自我的需要，卻沒有能力或毅力去執行，所以諮商心理師需要幫助當事人一起來抉擇一個執行的方案。當事人必須為自己的行為負責；Glasser 強調「負責」：人必須為所選擇的行為負責，因為每一個行為的決定都是經過大腦的判斷和評估，然後才被選擇來滿足自我內在的需求，所以，應當為行為結果負責任。

當事人在找出需求後，常會藉著無數個理由，想要逃避面對自我責任，而常常會以「是的……但是……」作為藉口，不願意為其行為結果負責。但是，沒有行動的決定就等於沒有行動，所以需要幫助當事人澄清逃避的原因，覺察並檢討自我行為上的訴求，以幫助當事人了解「沒有行動」也是一種「選擇」，也需要為自己的行為結果負責；也許這結果是一事無成，也許是蹉跎終生，仍然需要為此結果負責。大多數當事人在了解自己必須為沒有結果的結果負責時，多半會重新做決定！所以，諮商心理師此時需要鼓勵當事人，學習

做決定，為自己的行為作抉擇，定出一個幫助自己能達成目標的行動計畫。

㈡有用嗎（能否滿足你的需求）？

諮商心理師也需要幫助當事人分析和評估，自己是否有足夠的能力負擔這行動？可否滿足自我的需求？若是做不到，是否需要考量自己會不會將目標定的太高？若是計畫要求太高，是否需要改變？有時當事人會好高騖遠，或不切實際，將計畫定得太大、太高，而多數當事人之所以產生問題或困擾，常是因脫離現實感，例如：戒菸團體的學生，常一開始就定下「從今天起再也不抽菸」的行動計畫；或減肥的人，往往決定減肥時，就定下「從今天起一天只吃一餐飯」或「從今天起每天都不吃消夜」的計畫！或許多學生常立志「從今天起每天背誦一課英文」！往往計畫太難或太大，就等於沒計畫，因為定一個永遠達不到的計畫，就先註定了失敗！

㈢選擇一個實際而有效的計畫

計畫是為了能夠達成滿足內在需求的目標，所以，必須評估這計畫是否能滿足自我真正的需求，若是能滿足就是一個成功的計畫！例如：減肥計畫是為了達成減肥成功，可以滿足成就感，因減肥後變得比較美麗，可以悅人悅己，獲得自信；也可能因變漂亮了，比較容易交到朋友，而能滿足被

愛的歸屬需求。但是，必須明白減肥不是一天可達成的，必須以時間換取成效。若定下一個無以為繼的計畫，就無法完成目標。所以，選擇一個實際而有效的計畫，是達到目標的保證。

三、評估：討論和分析

決定的方法有用嗎？
這樣可否達到你的需求？

㈠是！

若計畫既能滿足需求，又能符合自己能力要求，即可放心繼續執行所決定之計畫。然後選擇滿足需要的行為，以達成目標，並確定這是一個成功的計畫，能滿足自我真正的需求，所以諮商心理師需與當事人再確定，是否真正滿足了他（她）的需求。至此，才完成整個療程。

㈡否！

若結果是「否」，則計畫不適合：
1. 重新評估計畫：若計畫不能滿足需求，必須循環回到「環境設置」——重建溫暖而積極的友善環境，使當事人不

147

因沮喪而放棄！重新準備當事人再出發，再確定當事人真正的需求，再重新選擇合適的行為與計畫。

2. 永不放棄，是現實治療的宗旨。因此，諮商心理師「必不」批判當事人的決定太理想化，也「必不」鼓勵當事人找藉口，雖然當事人所做的決定可能太不實際，但也不能因失敗而批判。「必須」記得，不但要鼓勵當事人，更要以溫暖積極的態度幫助當事人有勇氣重新振作，重做一個有效的計畫，重新再開始。

㈢計畫無效，則需重新循環，退回到原點

重新「確定需求──你要什麼？」！

1. 諮商心理師需要幫助當事人在其失敗中，重新找出可行之方案。

2. 幫助當事人，重新確定需求；當事人必須重新規畫，將計畫修正，也不因挫折而逃避，能因改善而更積極。

四、計畫

評估計畫後，經過研討、修正，和確認，確定一個適當的計畫！

㈠決定開始行動，執行計畫

當計畫經過研討後，諮商心理師與當事人一起做決定，開始實行所商議決定之計畫。

㈡達成協議

確定計畫後，諮商心理師與當事人協議一定會按進度執行！

為了使當事人能確實執行其計畫，需要幫助當事人將計畫寫出，因為具體寫出計畫時，已幫助當事人思考：計畫內容、執行時間、執行地點、如何進行、誰來執行？

詳細明列出每一個步驟後，已幾乎可確定計畫是確實可行的。確定後，「承諾」是一個非常重要的儀式：當事人與諮商心理師「握手」，並和諮商心理師「簽約」協議；當事人需要答應一定會按照計畫進行，每週諮商，與諮商心理師確認，並檢查成果，以確定計畫能確實達成。「承諾」的儀式，是諮商心理師執行的動力，有助於達成計畫。因為當事人常會因「已經答應了，不好意思反悔」或「一言既出，駟馬難追」而幫助當事人勇往直前。

五、再評估

再次檢討是否真正能滿足當事人的需求，確定當事人的計畫確實能滿足需求，以逐步達成計畫。

每當計畫確定後，在執行的過程中，重要的是一再地評估計畫的可行性，或檢視計畫是否能真正滿足內在的需求。而一個成功的計畫，一定可以滿足自我內在真正的需求。只有當內在需求滿足時，才能過一個有意義的滿足生活。

貳、基本的決定模式運用技巧

以下將以諮商案例，解說基本的決定模式應用，以幫助了解如何確實運用此技巧與方法（張傳琳，2001e）：

➤ **當事人簡介**：進一，博士班六年級的學生，剩下最後一年的期限，若不能畢業則將無法獲得博士學位。進一是家中長子，早年喪父，母親一直盼望進一能獲得博士，不但光耀門楣，也報答父親在天之靈；進一目前有一女朋友，為等他畢業，一再蹉跎，所以進一為怕對不起她的犧牲，心中極為焦慮。

➤ **當事人症狀**：進一六年來因論文一再被要求修改，無法面對挫折而一再逃避，整日以打電動、昏睡來逃避；至今只剩下一年，若不能完成論文則不能畢業，以致備感壓力而無法面對，想逃，卻又因受限於僅餘的一年，再也不能逃了，而在矛盾中前來求助。

➤ **諮商循環歷程**：

一、確定「需求」

㈠你要什麼？

當事人成就需求極高；表達極大的決心，一定要獲得博士學位，因為母親一直盼望進一能獲得博士。因此，進一的困難是：⑴不能使母親失望；⑵希望能光耀門楣，報答父親在天之靈；⑶不能使女朋友失望，因為女朋友為了等他，一再蹉跎，若不能獲得博士學位，實在對不起她的犧牲。

㈡你真正想要什麼？

進一幾經考慮決定不放棄博士學位，成就需求高，立志奮鬥力拚；雖然面對畢業時限的急迫，但甘願一試，加上為了滿足母親和女友，不使她們失望，因此歸屬需求亦極高，

151

所以陷在極大的壓力之下。

(三)定義你的需求？

諮商心理師需幫助進一認知自我真正需求，並與進一達成協議。讓進一了解自己選擇不放棄博士學位，是為了不讓(1)自己，(2)母親，和(3)女友失望。所以，進一真正需求是：滿足成就和歸屬需求；確定進一自己願意選擇努力完成學位，為滿足需求，下定決心努力達成目標。

二、抉擇「行動」

你在做什麼？

諮商心理師需幫助進一決定一個可行的計畫。進一信心十足的定下一個計畫：每天一定要在電腦前工作十二個小時，不但要追回以前浪費的時間，還要將進度超前。幾經討論，進一覺得自己若不拼命趕，可能會失敗；論文的計畫必須完成，才有可能畢業，也才能得到學位，達成滿足(1)自己，也滿足(2)母親和(3)女友的目標。

(一)確定需求

　　　　　所做的計畫是否能滿足成就和歸屬需求？

在決定做些什麼之前，首先要確定成就和歸屬感是進一真正需要滿足的需求，也確定進一的計畫確實能滿足這些需求：進一決定三個月內要完成論文的雛形，才可能達成目標。這計畫雖然能滿足成就和歸屬需求，但是可不可能成功呢？這是第一個需要確定的要素：這計畫是否可能滿足內在成就和歸屬的需求？

㈡確定是一個成功的計畫

評估這計畫是否確實為一個成功的計畫。諮商心理師與進一討論後，發現進一的計畫可能無法達成目標。

進一以前就因寫不出論文，才會逃避，但是，進一覺得自己必須下定決心拚命趕，才有可能畢業，也才能得到學位，滿足⑴自己，也滿足⑵母親和⑶女友。但是，進一是否有足夠的毅力和能力完成這計畫，這是值得懷疑的！

㈢評估和檢視計畫

有用嗎？這是否為一個滿足你需求的行為？

諮商心理師需要幫助進一分析和評估自己是否有足夠的能力負擔這計畫？若是做不到，是否需要考量自己會不會將目標定的太高？自己的能力是否能達成這需求？若是計畫要求太高，是否需要改變？

三、評估：討論和分析

決定的方法有用嗎？

㈠這樣可否達到你的需求？

1.是！

若計畫既能滿足需求，又能符合自己能力要求，即可放心繼續執行所決定之計畫。

但是，顯然進一的計畫不適合，所以結果應該是「否」！

2.否！

若計畫不適合時：進一第一個禮拜即遭遇困難，雖然每天在電腦前坐了十二個小時，可是進度卻非常慢！進一以前的困難就是寫不出來以致一再逃離，不敢面對老師，也不肯面對困難，更不肯面對自己的能力不足。雖然每天坐在電腦前十二個小時，可是卻對著電腦徒然呆看，仍然一個字也寫不出來，實在不知從何下手，進一覺得沮喪極了，開始想放棄！進一似乎知道自己的困難是能力不足，但是，又不肯面對自己的軟弱，不肯承認自己其實是沒有能力獨立完成的，不肯承認自己需要幫助！

㈡重新評估計畫

若計畫既不能滿足進一的真正需求，無法達成自己所定的目標，則必須循環回到「環境設置」——重建溫暖而積極的友善環境，使進一不會因為沮喪而放棄！

當進一回到諮商心理師前，他帶著極度的失望和沮喪，雖然當初進一在做決定時太自不量力，但亦不能因其失敗批判他。而「必須」記得不但要鼓勵他，更要以溫暖積極的態度幫助進一有勇氣重新振作，做一個有效的計畫。

四、重新循環退回到原點

重新「確定需求——你要什麼？」

㈠重新確定需求

進一仍決定要繼續完成論文、得到學位，仍然希望能滿足⑴自己，也滿足⑵母親和⑶女友的期待——得到博士學位。既然仍需滿足成就與歸屬需求，諮商心理師必須幫助進一在其失敗中，重新找出可行之方案。

㈡鼓勵與找出問題

其實進一雖進度太慢，但每天能專心的坐在電腦前十二個小時，已是過去所做不到的，實在應給與鼓勵和讚美。但他真正的困難是：不會尋找資源解決困難，只是獨自鑽研，而自己的能力其實是不夠的，必須去面對自己是沒有能力解決困難的。所以，幫助進一找出問題，了解自己若要解決問題就要與老師討論、研討，或向同學求教。

㈢再重新確定需求

幫助進一重新確定需求；進一仍確定自己想得到博士學位，仍然覺得不能讓母親與女友失望，那麼就必須重新規畫，將計畫修正。為使自己不因挫折而逃避，進一決定修改自己的方法：每天早上去與指導教授討論前一天的困難之處，再重寫，而非一星期討論一次，才不會因累積了一大堆的問題不知該怎麼辦，而遭受挫折的困擾！

㈣選擇能滿足自我需求的行為

果真，當進一先與老師討論所遭遇的困難，然後研討改進方法，進度變得快多了！看起來有了希望，進一不再沮喪，能因情勢改善而更積極。進一不再呆坐，每當有問題，或不

知怎麼解決時，進一就先找老師約時間討論，而不再一味的發呆，或埋怨自己，或自憐⋯⋯。

進一學會了尋求資源，學會了面對問題，而非逃避問題。

五、計畫

重做一個合適的計畫是很重要的！

㈠重定計畫

進一與諮商心理師一起討論自己的困難，重做合適的計畫：每天早上先與老師討論前一天遇到的困難，改正錯誤，下午再開始繼續寫。

新的計畫不但能滿足進一的成就感，更給了進一動力。當計畫經過研討後，與進一一起做決定，並開始確實執行所商議決定之計畫。

㈡達成協議

確定計畫一定會按進度執行！

為了使當事人能確實執行其計畫，需要幫助進一將計畫寫出：諸如進一的論文應寫什麼？每天何時寫？在哪裡寫？如何寫？誰來寫？

進一詳細明列每一個步驟，以確定計畫真正能執行。進一與諮商心理師確定計畫的每一個細節後，「承諾」是一個非常重要的儀式：進一與輔導「握手」，並和輔導「簽約」協議；進一答應一定會按照每一天的進度寫，寫完後每週去諮商時，帶給諮商心理師看，以檢查成果。

進一決定第二天即開始進行，每天早上先去與指導教授討論前一天的困難，再改寫，不會再累積問題！每次寫完必印出帶去給諮商心理師確定，果真，進度就不再落後。

六、再評估

當進一開始執行計畫後，諮商心理師仍需再一次與進一討論，檢討是否真正能滿足進一的需求？當確定了進一的計畫，確實能滿足他自我內在成就和歸屬需求：論文的進度滿足了成就需求，而有效的進行論文進度，使進一的母親和女友安心，也滿足了他的歸屬需求。

因此，當進一按照計畫進度，逐步達成計畫，果真能完成論文，適時畢業！

參、問答技巧與方法

　　「好問題」是治療的關鍵，特別在現實治療中有技巧的發問，可以幫助當事人認清事實，澄清模糊的界線。有時當事人很難釐清事實，以致無法面對現實，為自己的行為負責，作正確的選擇。所以問答技巧是很重要的，以下是一些問答技巧的建議與問題模擬：

一、如何確定「需求」？

㈠確定需求的性質

　　Wubbolding（1989）建議將需求分為八個等級，以幫助當事人澄清自我需求的性質，釐清需求所帶給個案的壓力。他的建議分列如下：

　　1. 不能議價的要求：生存的需求是不能取代或討論的，諸如空氣、食物、水、安全等。

　　2. 追求的目標：是一種需要行動支援的需求，例如上學、友誼、找工作、升遷等等。

159

3. 希望、期待：不需要花費太多能量去達成的需求。諸如贏得摸彩大獎、發票中獎等等。

4. 一時興起的小小慾求：期望達成的需求不是那麼重要。例如穿戴衣物時，忽然想到如果能佩帶首飾，或其他的配件能讓自己更耀眼。

5. 兩難之間，有些需求具有兩面好處或缺點：有時這些需求常會伴隨了破壞性的、無效的行為，使之處於魚與熊掌兩難的困境中，諸如想減肥又貪吃。

6. 勉強自我正面接受的需求：需要學習接受無法逃避的事實，例如接受癌症或殘障的事實。

7. 非期待的積極接納：所抉擇的行為，會造成不幸的一方被要求接受無法抗拒的結果，例如受虐少女明明知道去探望父親可能會再遭受到暴力傷害，但對親情的渴慕又無法阻止想探望父親的需求，以致造成陷自己於危險，送羊入虎口，而又無力抗拒。

8. 綺思夢想：一種想像而難於達成的需求，非合於事實的期待，或是無法滿足的盼望。例如：期望有一個甜蜜的家，可是卻有許多難以鏟平的困難。像受虐者期待有一個父慈、母愛、和樂融融的家庭；雖然可以期待，卻是難以達成。

㈡確定需求的內容

➤你期望發生什麼？你期望有什麼結果？例如：面對準備

考大學的準考生：「你最大的期望就是能考取大學？」或，面對期待升級的員工：「你希望能加薪？」抑或，面對結婚多年卻仍未育子的沮喪夫妻：「你們希望能生個兒子，讓你們的父母滿意？」

➤ 你希望它像什麼？你希望結果是什麼？例如：當事人面對過去的傷害，無法從痛苦中走出來。諮商心理師面對當事人的怨恨與傷痛的情緒，可以問當事人：「你一直自怨自艾，對自己必須面對這樣的遭遇感到無奈，卻又痛恨自己的軟弱，你希望自己一直這樣下去嗎？或你希望能獲得怎樣的結果？」

➤ 你最大的期待是什麼？例如：學生希望能改善自己的錯誤學習行為；諮商心理師可以問：「你最大的期待是什麼？你的目標是什麼？」

➤ 你從這裡走到那裡，最遠的距離能走多遠？或，你期望能達成多遠的目標？你期望自己能完成多少？例如：面對考試失敗的學生：「照你目前功課的狀況，我想知道你能作多少改善？你最大的期望是什麼？你希望我能怎麼幫助你？」

➤ 你的願景是什麼？你期待完成多少？或，如果你的人生是一幅畫，你希望如何描繪它？例如：面對當事人對人生的困惑：「如果人生像一幅畫，你期待它像什麼？」或「如果你面對眼前的畫布，對人生的期待好像一隻畫筆，你準備如何來描繪你的人生？」

➤ 如果這前程就是你所想達到的？你希望它像什麼？例如：

諮商心理師面對困惑的學生或對前程茫然的失意者：「你希望你的人生像什麼？」或「你對你人生的憧憬是什麼？你希望如何達成你的理想？」

➤ 什麼是你一直期待而又未達成的？例如：對期望畢業卻又遭遇困難的準畢業生：「這些年來你一直期待的是什麼？」或「如果你希望獲得學位，你也期待趕快畢業；這既然是一直期待的，你目前預備如何去達成？」

➤ 什麼是你所要求的？而這要求又有什麼條件？例如：面對升學或轉系的學生：「你期望能考取大學，那麼你需要怎麼做才能達成這目標？」或面對遭遇兩性困擾的當事人：「你對這一段感情抱持著什麼樣的期待？若你希望維持這份感情，你能做些什麼？」

➤ 什麼是你所想要的？內心深處最想要得到的是什麼？例如：面對遭遇感情困擾的當事人：「在這段感情中，什麼是你真正想要的？」或「在你內心深處，你真正渴望的是什麼？」

➤ 你的野心是什麼？例如：面對大一的新生：「你希望大學四年能達成什麼目標？」或面對即將畢業的學生：「你對未來最大的盼望是什麼？你最大的野心是什麼？」

➤ 你的目標是什麼？短程目標？長程目標？例如：面對初入學的新生或初踏入社會的新鮮人：「面對你新的人生階段，你的目標是什麼？最近的短程目標是什麼？而對人生的長程目標又是什麼？」

➤ 你渴望達成什麼嗎？例如：對新婚的佳偶：「你渴望在

你的婚姻生活中達到什麼樣的目標嗎？」或對莘莘學子：「你渴望在你的學業上達成什麼目標嗎？」

➤ 告訴我你所想要的，或你期待達成的，或你設計這件事的性質、特徵或要求？例如：面對一個在事業上遭遇瓶頸的社會青年：「告訴我你最想要的是什麼？或你最希望達成的目標是什麼？」又或：「你希望達成的這個計畫，它的目標或要求是什麼？」

➤ 你做這個的目的是什麼？例如：面對失意的父親：「可以告訴我你做這件事的目的是什麼？」或傷心的妻子：「妳所有的犧牲是為什麼？」

➤ 什麼原因觸動你去做這件事？例如：對想要創業的青年人：「是什麼觸動你去做這個計畫？」或面對感情挫折的少年：「你希望盡一切的努力去挽回她的心，是什麼觸動你這樣決定？」

二、抉擇「行動」

在決定怎麼去做時，如何問「你怎麼去做？」

➤ 你現在預備怎麼做以達成你所期待的？例如：面對學生期待通過考試：「你若想要通過這次的考試，你預備怎麼去做？」或準備面試的新鮮人：「你若希望獲得這份工作，你現在預備怎麼做以達成你所期待的？」

➤ 你已經做了什麼可以幫助你達成你的需求？例如：面對

163

失戀的傷心人：「你希望趕快恢復你的情緒，不再陷在傷痛之中，可不可以告訴我，你已經做了些什麼可以幫助你達成你的需求？」

➤ 你是否已嘗試過任何有用的方法？或哪些是沒用的？例如：面對考試失敗的學生或失意的傷心人：「你是否已嘗試過任何方法幫助你自己？使自己可以從痛苦中走出來？」或「你認為作了哪些事對你自己情緒的控制是沒有用的？你還可以作什麼樣的改進？」

➤ 你已經採取了哪些行動？例如：面對氣急敗壞的老師：「面對你學生的行為，你已經採取了哪些行動來改善你教室的秩序？」或面對想要挽回婚姻的妻子：「你已經採取了哪些行動來改善你們婚姻的品質？」

➤ 現在進行得怎麼樣？例如：面對期待畢業、完成論文、得到學位的準畢業生：「你的論文現在進行得怎麼樣？」或正在追求女友的男孩：「你與你女朋友的感情，現在進行得怎麼樣？」

➤ 你做了些什麼使你能獲得機會達成目標？或哪些是無法成功的？例如：面對考試失敗的學生：「你在面對考試時做了些什麼使你能通過這一門考試？或你因為沒做到什麼？以致造成考試失敗？」或準備面試的新鮮人：「你在準備面試時，做了些什麼讓你覺得可以獲得錄取的機會？或你想哪些事會妨害你，使你無法成功？」

➤ 現在你怎麼辦？例如：面對吵架的情侶：「現在你們要如何面對你們的爭論？」或被退學的學生：「現在你準

備怎麼辦？如何面對你的未來？」

➤ 告訴我你做的哪些事是有用的？哪些是沒用的？例如：
面對處理考試失敗的學生：「面對上次失敗的教訓，告
訴我，這次在面對考試時，你覺得哪些事你做起來是有
用的？哪些是沒用的？」

➤ 你做了哪些你覺得盡責的行為？例如：面對失意的父母：
「你們認為已做了哪些你們覺得盡責的行為？」或傷心
的老師：「你覺得你已做了哪些維持課室秩序的盡責行
為？」

➤ 告訴我上個禮拜你做得如何？例如：面對完成諮商心理
師所給與家庭作業的當事人：「告訴我上個禮拜你的計
畫執行得如何？」或決定選擇減肥的當事人：「說說看
上個禮拜你的減肥計畫做得如何？」

➤ 你做了這些之後又做了什麼？例如：面對氣急敗壞的父
親：「你為你的孩子做了這些之後，又做了什麼？你覺
得你的孩子行為改進了嗎？」或焦慮的丈夫：「你在你
妻子生病後，你做了這些之後又做了什麼？」

➤ 當你想到這些事時你能怎麼做？例如：面對重病的當事
人：「當你想到你可能不久於世時你能怎麼做？」或面
對傷心的母親：「當你想到你的孩子一點都不知感激時，
你能怎麼做？」

➤ 你的日子過得如何？例如：面對整日以淚洗面的當事人：
「你整天哭泣什麼事也不能作，你覺得你的日子過得如
何？」或正準備改過自新的青少年：「面對新的人生，

你的日子過得如何？」

➤ 為建立這段友誼你已經做了些什麼？例如：面對正熱戀的當事人：「為建立這段感情，你已經做了些什麼？」或希望能恢復友誼的室友：「為恢復這段友誼你已經做了些什麼？」

➤ 當你面對挫敗或傷心的感覺時你能做些什麼？例如：對一個學習自我肯定的當事人：「當你一想到或感覺到膽怯時，你會做些什麼？」或面對憤怒的老師：「當你一想到或感覺到學生一點也不盡責時，你會做什麼？」或失望的父親：「當你想到或感覺到生氣或失望時，你能做些什麼？」

三、評估

評估，是治療中極為重要的一個步驟，而一個自我評估的問答法（self-evaluation questions），更能幫助確定所有的計畫與行為是否有效，以下所列問答方法的範例可作為參考：

➤ 你做這些事能幫助你達成你的需求嗎？例如：面對傷心的失戀的當事人：「你整日哭泣，什麼事也不作，這樣能幫助你恢復往日的情感嗎？」或面對困惑的父母：「你們想，做這些事能幫助你們親子的溝通嗎？」

➤ 你所做的有用嗎？例如：面對考試失敗的學生：「你整日上網、翹課，你想這樣做會幫助你通過考試嗎？」或

準備面試的青年人：「你所做的有用嗎？」

➤ 你所做的會牴觸這些原則嗎？例如：面對輟學的國中生：「你蹺家又逃學，你想你所做的會不會牴觸校規？」或強制治療的偷窺學生：「你所做的不是會牴觸校方的規則嗎？」或外遇的丈夫：「你所做的是否會牴觸婚姻原則？」

➤ 你這樣做有可能達到你的需求嗎？例如：面對兩難的兒子：「你一方面希望討母親的歡心，一方面又不捨得放棄你現有的感情，你這樣做有可能達到你的需求嗎？」或面對事業與家庭兩者無法兼顧的丈夫：「你這樣做有可能達到你的需求嗎？」

➤ 你滿意你的成績嗎？例如：面對大一新生：「你滿意你的成績嗎？」或面對考試失敗的學生：「你滿意你的成績嗎？」

➤ 這是你希望學校所做的嗎？例如：面對學生：「這是你希望學校所做的嗎？」或新進入學校的老師：「你對你的新學校滿意嗎？這是你希望你學校所做的嗎？」

➤ 你希望你的家能變成更棒的地方嗎？例如：面對行為偏差的孩子：「你希望你的家能變成更棒的地方嗎？」或失和的夫妻：「你們希望你們的家能變得更好嗎？」

➤ 你希望在學校中能做得更成功嗎？例如：面對剛入學的新生：「你希望在學校中能做得更成功嗎？」或剛擔任老師的當事人：「你希望你在學校中的教學工作能做得更成功嗎？」

➤ 這件事對你來說有多重要？例如：面對失婚的當事人：「維持婚姻關係這件事對你來說有多重要？」或面對準備面試的青年：「面試這件事對你來說有多重要？」

➤ 這1至10的量表中你覺得能給它幾分？例如：面對被指責的母親：「你覺得這些年中，作為一個母親，在這1至10的量表中，你覺得能給你自己幾分？」或面對失敗的學生：「對一個學生來說，在這1至10的量表中，你覺得能給自己幾分？」

➤ 這件事值得再試試看嗎？例如：面對失意的生意人：「這件事值得再試試看嗎？」或重考生：「重考大學這件事值得再試試嗎？」

➤ 這件事合理嗎？例如：面對失和的情侶：「爭個你死我活，這件事合理嗎？」或被指責未盡責的母親：「你很生氣你婆婆的指責，她要求你每天都需為你孩子送便當，這件事合理嗎？」

➤ 你可以做得面面俱到，討好每一個人嗎？例如：面對傷心的當事人：「你可以做得面面俱到，討好每一個人嗎？」或生氣的辦公室主管：「你很不高興你屬下對你的指控，你覺得你可以做得面面俱到，討好每一個人嗎？」

➤ 這可以讓所有的事都達到平衡嗎？例如：面對累壞了的老師：「你覺得你可以讓所有的事都達到平衡嗎？」或失望的父母：「你覺得你可以讓家中所有的事都達到平衡嗎？」

➤ 誰能幫助你？我能幫你忙嗎？例如：諮商心理師面對灰
心失望的當事人：「誰能幫助你？我能幫你忙嗎？」或
陷在困擾中的當事人：「看到你似乎非常無助的樣子，
不知誰能幫助你？我能幫你忙嗎？」

四、計畫

確定合適的計畫，並幫助當事人能確實執行是很重要的，
以下之問答範例可作為參考：

➤ 什麼樣的協議可以讓你遵守你的計畫？（例如：面對憂
鬱症當事人：「什麼樣的協議可以讓你遵守你的計畫？」
或一直找藉口不去執行計畫的當事人：「我要怎樣做，
才可以讓你遵守你的計畫？」

➤ 這計畫的結果如何？例如：面對減肥的當事人：「每天
游泳一小時，這計畫的結果如何？」或考試失敗的學生：
「你上週決定的讀書計畫結果如何？」

➤ 什麼藉口會使你無法執行你的計畫？例如：面對一再失
敗又找藉口的當事人：「我們是否有什麼辦法可以讓你
沒有藉口，使你能執行你的計畫？」又或，面對初定計
畫的當事人：「是否有什麼可能的藉口會使你無法執行
你的計畫？」

➤ 你要怎麼做才能使你的計畫做得更好？例如：面對學生
或老師：「你要怎麼做才能使你的計畫做得更好？」或

面對準備畢業的學生：「你要怎麼計畫才能使你的論文做得更快、更好？」

➤ 請複檢這計畫是否有用？例如：面對不確定的當事人：「可不可以再確定，下一週回來時我們再看看這計畫是否有用？」或失敗的考生：「在我們確定以前，請再檢查一次，看看這計畫是否有用？」

➤ 你還能爲你的計畫增加些什麼？例如：面對失和的情侶：「除了你們每天對著鏡子練習情緒的控制外，你們覺得還能為你們的計畫增加些什麼？」或面對學生：「你還能為你的讀書計畫增加些什麼？」又或，面對氣憤的老師：「你覺得除了可以學習自我控制情緒、紓解情緒外，你還能為你的情緒處理計畫增加些什麼？」

➤ 你還能爲你的計畫做些什麼改變使它能更好？例如：面對準備重考的學生：「你還能為你的重考計畫做些什麼改變使它能更好？」或面對破碎家庭的孩子：「除了安慰你的母親，你還能為你的家庭做些什麼改變使它能更好？」又或，面對傷心的失戀者：「你已決定正常作息，選擇不再整日以淚洗面，除此之外，你還能為你自己做些什麼改變使你的日子能過得更好？」

肆、熟練的技巧與正確的方法是成功的要件

按著問答的技巧與方法，循著既定的路徑，可以幫助輔導確實執行 WDEP 歷程，有技巧的發問，從而使治療有效達成目標。

Glasser 認為，現實治療法適合任何有心理問題的人，從輕微的情緒困擾到嚴重的精神疾病，都能有效處理；而唯一的限制是輔導的技巧。因此，熟練的技巧與正確的方法是極為重要的。

因為在治療的過程中，諮商心理師需要協助當事人評估：自己的需求是否實際可以滿足？所選擇的行為是否真能滿足內在需求？所擬定的改變計畫是否確實有效？以及當事人是否真的能付諸行動，達到自我所期待的目標（Cockrum, 1989）？

唯有確實地循著治療路徑，才能協助當事人澄清需求，進行各種建設性的行為方式，面對問題、解決困擾，幫助當事人過一個更有意義的生活。

有時諮商心理師必須從不同的角度重複提出問題，以幫助當事人澄清觀念上的混淆。當事人有時對自己的問題並無法很清楚的把握，諮商心理師需要一再從不同的角度重複同

一種問題，使當事人能因重複的思考而澄清主觀的概念，確定自我行為的抉擇，是否能符合真正自我內在的需求。例如上面所舉之例，進一決定要拿到博士學位，到底是想要滿足自己的成功需求，還是為了滿足家人對他（她）的期待、滿足自我的歸屬需求？若是為了滿足家人的期待，為何家人的鼓勵，卻又沒辦法激勵自我而產生動力？無法積極完成論文？又如，若為了滿足自我的成功需求，為何論文一個字也沒動？

　　從不同的角度詢問「你說你不能辜負父母的期待，讓他們失望；但你現在什麼都不做，整天打電動，論文一個字也沒動，眼看期限將至。你真正的困難是什麼？」或「你說你不甘心得不到學位，但你現在又整天打電動，論文一個字也沒寫，眼看同學一個個都畢業了，如今期限又將屆滿，你可不可以說一說，真正的困難是什麼？」「假若是為了寫作的困難，你又期望獲得學位，希望自己能畢業，你又如何能整天姑息自己，而什麼都不做？」

　　所以，熟練運用循環歷程的問答技巧，和清楚的問答方法是極為重要的，如此才能深入問題的核心，找到問題的癥結，使現實治療法在心理治療上的運用更為有效。

第六章

現實治療之應用

現實治療法：理論與實務

174

Glasser（1989）強調，現實治療是短期而有效的治療法。無論面對任何不同差異的個案，例如：青少年叛逆、子女教養、婚姻觸礁、情侶分手、學習困難，與智障、精神疾病的訓練治療都極為有效（N. Glasser, 1980）。

綜觀現實治療的理論與概念，可以發現Glasser最看重的是：關係、責任與選擇，不講求傳統，更不相信精神疾病。Glasser（1989）主張每一個人都當學習為自己所選擇的行為負責，除非是由醫生證實大腦組織受傷的人，才無法為自己的行為負責。他說：「無論我們做得好或壞，我們都比我們所相信的更能掌握自己的生活；若我們能訓練自我更有效的掌控我們的行為，我們就更能滿足自我對生活的期待（p.3）。」Glasser（1989）指出：「治療並非是為找出當事人所犯的錯誤，和指導他（她）們如何改變。因現實治療強調的是內在控制理論，教導人為自己的生命負責，不要只做現在或過去的受害者，除非是自己的選擇（p.3）。」現實治療中最重要的是積極努力去教導個案學習「選擇理論」的觀念，並幫助他（她）們知道如何運用「選擇理論」的觀念在他（她）們的生活中作負責的選擇，以致能有效控制行為，滿足自我需求，過更有意義的生活。

大部分的人來求助，都因為他（她）已窮於應付生活中的困難，所有的痛苦都來自無法控制的困擾。而現實治療就是教導當事人開始學習控制他們周遭的一切，幫助當事人藉由心理諮商所學得的技巧與能力去應付在他（她）周圍的痛苦現實；面對那些無法處理的事物，找出造成困境的原因，

175

再嘗試能否有效控制自我行為，作合理的選擇，將事情處理得更好一點。「選擇理論」（2001）強調：「唯一所能控制的就是自我的行為，也就是說，通過我們所選擇的行動是唯一掌控周遭事物的方法（p.4）。」

　　現實治療最大的優點，就是充滿了希望。Glasser 相信每一個人都有滿足基本需要的能力，也相信每一個人都能為自己所選擇的行為負全責（Glasser, 1965, 1999）。Naomi Glasser（1984）說：「每一個行為，都是被選擇的，每一個人必須為所選擇的行為，負完全之責（p.xv）！」雖然，現實治療強調負責，但並非我們必須為不負責任而受到責難與拒絕。事實上，從所有的治療經驗中發現，一旦當事人覺察到他（她）的責任感時，反而開始願意嘗試負責的行為，不再逃避責任。

　　大部分的人都不曉得自己有權力作選擇，他（她）們以為自己只能被選擇，以為自我的感覺和身體的功能僅止於自然反應，是被動的，是不能選擇的。例如：當人遭遇失意時，只能選擇悲傷、感覺痛苦、不舒服、睡不好、拉肚子，或無法工作。但是，選擇理論解釋失意卻並非如此，例如：不快樂的婚姻——婚姻的本身並無好與壞，好與壞是在於想法與做法。因所有的失望感是一種訊息，而所有外來的都只是一種訊息，當人接收到這些訊息時，決定選擇的反應行為，才是決定結果好壞的因素。例如：當孩子考壞了，無法順利畢業，重要的是如何因應，決定怎麼選擇，而非被外在事實震攝控制，只反應出沮喪。其實，面對事實，對現實狀況的處

理，可以有許多不同的選擇，而不同的選擇也必會得到許多不同的結果。現實治療的目的就是幫助當事人決定一個最好的選擇，讓這一件事能順利解決（Glasser, 1984, 1989）。

Naomi Glasser（1989）以「我不要讓這件事來影響我」為例指出：一個從小受到身體暴力和性侵犯的女孩，本來在她的生命中唯一能做的選擇，似乎只是什麼都不能做，唯一能做的只有：接受痛苦的人生！但當她接受現實治療的幫助，讓她覺察到她其實可以控制她的生命，她甚至有一串的選擇讓她可以將生活過得更好；當然，她也可以什麼都不選擇，也可以不做任何的改變，因為那也是一種選擇。為了這個原因，在此案例中，諮商心理師一再的問當事人：「你覺得這樣對你是最好的嗎？」若這個選擇既非最好的抉擇，為何不做更好的選擇？許多人在一生中，是否也常常抉擇一個「次好的選擇」？或常常不自覺而選擇了「次好的決定」！現實治療的基本理論和技巧，諸如基本內在需求、大腦運作系統和總合行為都是幫助當事人有意願選擇生命中的「最美」，以及「做得更好」、「活得更真」。

不論何種問題和案例，現實治療所用的原則和步驟都是相同的。首先需幫助當事人認清事實、了解自己現在在做什麼，進而依據現實狀況、擬定計畫、按部就班地去做，以改變當事人的生活態度，學習為自己所選擇的行為負責，並累積成功經驗，學習審視自己在做什麼，並找出更滿意的生活方式。

Glasser（2000）強調：如果一個人有一個好的諮商心理

師幫助他（她），必能做最好的選擇。當事人學習負責地選擇時，諮商心理師的支持和溫暖的環境是他（她）們最為需要的，「共融的環境」是現實治療所堅持的原則。Breggin博士在 Glasser（2000）之《現實治療實務應用》一書的序中推薦，現實治療的最佳之處在於它核心觀念所倡導的：

> 建立共融的關係是有意義生活的中心，而抉擇是決定品質的因素；只有當我們能為自我負責，而不仰賴他人的控制時，才能選擇正確的行為，為生活負責，也才能創造一個優質的生命（p.ix）。

在前面五章中，已很清楚的介紹了現實治療的基本理論與運用概念，本章將以實際範例說明，如何有效運用現實治療方法與技巧於各種不同生活層面的衝突中，幫助當事人面對與解決問題。本章將分成個別與婚姻治療兩方面來討論，為了幫助讀者更了解現實治療的精神，所有資料將取材於 Glasser 示範之案例：

壹、現實治療在個別諮商之實施與應用

> 現實治療的中心思想：
> 「……是你選擇，在你們的關係中做什麼，而非別人的選擇……」　　　　　　　（Glasser, 2000a, p.4）

本案例取材於《現實治療實務應用》（pp. 1-36），以下將就 Glasser 治療強迫官能症的原則討論之：

Glasser（2000）主張強迫官能症患者的痛苦並非來自精神疾病的困擾，也非來自無法控制的強迫行為，而是因為他（她）決定選擇強迫行為。Glasser 指出這強迫行為多起因於：無法獲得滿意的親密關係，他強調親密關係是其他基本內在需求之鑰，愛與歸屬的滿足，可以產生極大的能量與動力去勝過所遭遇的困境。

Glasser 指出：百分之九十九的人都會有人際相處的困難，而其中的原因就是他（她）們錯將「我知道什麼對你是好的」外控心理學當作生活影響的準則。除非他（她）們學會新的心理學方法，否則永遠無法有效控制內在的需求，選擇正確能滿足內在需求的行為，過一個有意義的生活。

當一個人無論多麼努力也沒辦法經營一段良好的關係時，就會感覺到非常的痛苦；因為親密關係就好像是生存需求，存在於人的基因中，是不可或缺的。人之所以感覺到痛苦，是為了無法滿足基因中所需要的親密感，以致造成痛楚與行為異常。當人感覺痛苦，無論是在精神上或生理上的痛楚，人的大腦決不會因此而等閒視之，一定會做些什麼減少這痛苦。強迫官能症患者之所以會選擇強迫觀念與強制行為，是因為他（她）們以為做這些強制行為能減輕痛苦、減少沮喪，他（她）們也深以為自己的選擇是最好的選擇（Glasser, 1984, 1989, 2000a）。

Glasser 認為過去許多年來，強迫官能症一直被誤認為是 **179**

一種精神疾病，但他卻認為是因愛與歸屬的需求不能得到滿足，而造成的一種替代行為，因為當事人選擇了強迫觀念與強制行為，來替代壓抑的憤怒和無效控制的沮喪。常常當事人無法察覺自我的憤怒，以致它危及自我與他人。但若當事人滿足於一段重新建立的親密關係時，強迫行為往往就會消失。Glasser以電影「愛在心裡口難開」（As Good As It Gets）為例，一個強迫官能症個案，原本因太害怕被細菌感染疾病，而有許多強迫的行為，諸如不停的換用各種新產品的肥皂，一天洗手數次，又不停的檢查門鎖，還為了怕被感染而無視他人的眼光，即使在餐廳用餐也要自備無菌餐具，不肯用餐廳的餐具。但卻因他墜入愛河建立一段新感情時，奇蹟似的痊癒了！

電影所隱含的寓意加深了Glasser賦予現實治療的新意，因共融關係的建立原本是Glasser治療理論的核心，而「親密關係」的補足與加強，必能增強個案在「心理治療」過程中的動力，使個案更有能力為自我的選擇負責任。當他遇到了他的個案 Jerry，使他的看法更為堅定，從以下個案的解析中，可更清楚了解如何運用「選擇理論」，幫助當事人在現實治療中的應用原則。

一、當事人簡介

　　　當事人 Jerry 是一個中年男子，電視劇作家，約五十五

歲，戴眼鏡，頭髮稀疏，個子很高約六呎五，身體極為壯碩，體重超過了二百磅，穿著講究，但卻神情沮喪，顯得很不快樂。

二、當事人症狀

Jerry因太害怕被細菌感染疾病，每天不停的洗手，又用三把大鎖鎖住前門和車庫的門，更將後門釘死。雖然如此，每次進出仍極不放心，還要不停的檢查門鎖，至少開關四次。每天在家中會不可抑制的花費極多時間，小心地倒退著，故意避開地毯的邊線，在家中走來走去。只有當他寫作時，這些症狀才會消失。

Jerry對自己的這些行為感覺非常痛苦，也被自己的強制行為和觀念困擾，但卻無法改變，以致顯得既無助又無奈。

三、治療歷程之描述

㈠當事人前來求助的原因

當事人Jerry因觀賞電影「愛在心裡口難開」後，自認自己就好像電影中之男主角 Melvin，而其遭遇也極為雷同——

同樣是一個強迫官能症患者，多年來為自己的強迫觀念與強制行為所困擾，是一個失歡者，孤單又寂寞，因他的怪異行為總是遭人嫌棄。突然獲得的戀情改變了男主角的一生，也治癒了男主角 Melvin 的強迫官能症。

Jerry 最近恰巧也有同樣的幸運遭遇，遇見了一位甜美的女子 Carol，也像電影中的女主角 Karen 一樣能包容他所有的怪異行為。Jerry 好期望自己也能像男主角 Melvin 一般獲得甜蜜的結果：既與 Karen 同築愛巢，又能久病得癒；但 Jerry 又擔心期望落空，所以非常焦慮而前來求助。

㈡治療歷程解析

Glasser（2000）闡釋這個個案的困擾以及治療的原則：他認為 Jerry 的問題是他選擇沮喪、選擇強迫觀念與強制行為，所以他也可以選擇停止這些行為，或選擇有效行為。他建議治療的最佳技巧與方法為：關係、負責與選擇。

1. 關係

首先必須為個案先建立一個支持、信任而溫暖的關係。因當事人與諮商心理師間「共融關係」之建立，可以激發當事人產生處理自己問題的力量。

2. 負責

接著幫助當事人學習願意為自己的行為負責，願意學習

從這信任的關係中，建立自己與他人的關係。

3.選擇

　　最後幫助當事人決定選擇負責任的行為，改善自己的行為。現實治療最重要的就是教導當事人學習選擇，通過教導選擇理論，幫助當事人了解自己無效的選擇所帶來的困難，而願意學習選擇有效行為，來改善自我困境，以達成目標。

　　Glasser 又強力主張：現實治療不講求傳統，不討論夢，認為討論夢是浪費時間。更不相信精神疾病。Glasser 強調造成當事人之所以無效控制的原因，是他相信自己是精神疾病的受害者，相信神經化學不平衡是無法控制的。但若這是真的，就沒有任何心理治療能產生效用。由於神經化學不平衡會造成精神疾病一直是一個未知的迷思，所以Glasser堅信頭腦問題不是最嚴重的因素，而是因著人的選擇，選擇也像是一種化學作用影響著人的決定和行為。一般所說的腦部神經疾病：諸如老人癡呆症（阿茲海默氏症）、癲癇、腦部受傷、大腦感染、漢金頓式舞蹈症、自閉症多為基因缺陷，造成腦部不正常狀況，這些疾病必須讓神經內科醫生治療，並不適合現實治療。而目前治療精神疾病的藥物如百憂解等，只能使當事人感覺好過一點，卻不能教導當事人學習如何與人改善關係，建立有效行為。所以現實治療決不會為當事人貼上精神疾病的標籤。

　　當事人與諮商心理師的共融關係被建立後，即可開始進入心理療程。

㈢治療步驟

1. 共同找出治療目標

「你為什麼來這裡？」

Glasser 強調必須忽視當事人的偏差行為，要讓當事人接收這訊息：「我對你的怪異行為不感興趣！」只想知道：你要什麼？

Glasser 相信當事人選擇求助於諮商心理師，是希望找出如何處理自己目前所遭遇的不滿，逃避面對問題。他以為在治療的過程中，當事人所選擇的痛苦和症狀並不重要。事實上，若太專注於當事人不正常的症狀和行為，使他可能有機會故意逃避原有的困難，以致讓他有更多的理由造成現狀中更多困境，使他與人的關係更糟。

人也許永遠無法了解為何一個寂寞的人會選擇沮喪，或強迫官能症者會選擇強迫觀念與強制行為，狂暴的人會選擇瘋狂行為，又或酗酒者總是會選擇醉酒行為。

例如：Jerry 在第一次晤談中不斷的提醒 Glasser，他自己的行為是多麼的異常：才第一次見面就逕自弄直 Glasser 辦公室中懸掛的照片、避開其他當事人經常坐的座椅，另外選坐小而窄的椅子、小心避開踩到地毯線等等。

在第二次晤談中，又不停的訴說自己的強迫觀念與強制行為：諸如有潔癖、不敢用餐廳的餐具、害怕貓的糞便、每

天不停的洗手，還用三把大鎖鎖住前門和車庫的門、將家中後門釘死，但每次進出仍極不放心，還要不停的檢查門鎖，至少開關四次等等。

但每一次Glasser都忽略他的描述，輕易地將話題轉回主題：詢問Jerry來求助的原因？

如Glasser說：「我看到你所做的怪異行為，但我們今天並非是來討論你瘋狂到什麼程度。我知道在你生活中最近發生了一些你無法處理的事，我很懷疑你是否願意告訴我是怎麼回事？（p.8）」

「我知道你是多麼想讓我了解你有多瘋狂，你一直在嘗試讓我注意這些行為。但這些行為對強迫官能症的人來說是極為平常的，甚至憂鬱症的人都比這更嚴重。其實你所有的努力都是為了不要我注意到你真正所遇到的困難，而這常常就已呈現了你與人相處的困境。在你的案例中我們不需要知道太多這些……，你願意知道為何這些強迫症狀並不是你真正的困難嗎？如果你願意，我可以做一些小實驗給你看，你就會知道！（p.16）」

2. 幫助個案找出影響他的真正原因

Glasser認為所有問題的產生，都是因為人的基本內在需求不能得到滿足。諮商心理師的工作就是幫助當事人重新選擇一些新的行為來改善他眼前所遭遇的關係困境，以致能滿足他內在的基本需求。也就是說，若能讓他經驗到愛與歸屬的滿足，就能幫助當事人增強他的能量與動力，就有能力滿

足自我的愛與歸屬、權力、自由、樂趣和生存等基本內在需求。

Glasser強調要滿足所有的需求，就必須先建立與他人良好的關係，因愛與歸屬是所有基本需求之鑰。滿足了愛與歸屬需求，就能夠滿足此時此刻的需求。現實治療最看重的就是「此時此刻」，因改變了現在的行為，滿足了現在的需求，就能增強他（她）的能力處理自我困境，或做正確有效的選擇，為自己的行為負責。

例如：當 Jerry 第一次與 Carol 共餐，他沉醉於她的愛慕與包容，竟然未用自備的餐具，並將之收起來！所以當Jerry得到愛的滿足之時，就生出足夠的力量克服自我的困難（p. 11）。又當 Jerry 與 Carol 第一次邀請她女兒 Jill 晚餐時，他並未將自備的餐具拿出來用，因他滿足於家庭溫暖（p. 16）！

當 Glasser 嘗試鼓勵 Jerry 改變座位，讓他感受能夠為自我作選擇時，Glasser強調信任的關係是鼓勵Jerry作改變的基礎。事實上，Jerry在不自覺中因愛Carol而作了許多的改變，諸如：讓貓進入家中而無視可能帶來的髒亂、不用自備餐具，不再懼怕被細菌感染等等。而 Glasser 相信若 Jerry 有能力作了第一次的改變後，將能逐漸修正所有的不適當行為。

Glasser 告訴 Jerry：如果他愛 Carol，就沒有任何事能阻礙他；如果他信任 Glasser，也沒有任何事能阻礙他；同樣的，只要他願意，沒有任何事能成為他的阻礙。

3. 重視現在的問題，不專注於過去的症狀或所受過的傷害

雖然許多人曾在過去所遭遇的一些事情中受到傷害，但我們並不需要做過去的受害者，除非我們自己選擇成為過去的受害者。

解決過去傷害的癥結在於必須回到過去，針對過去的傷害作處理，且須專注於過去所經驗的情境作處理。我們也不必一直陷在過去的情境中，花費大把的時間來處理過去糾結的情緒。我們可以聆聽，卻不需要花費太多的精神去注意它。

現實治療會很快的進到確實造成困難的問題中，去建立一個新的有效的親密關係，以滿足內在的需求。

例如：Glasser 告訴 Jerry：「我不需要聽你描述童年的種種事蹟，這些童年時所發生的事，可能真的對你的一生有影響，但已經是太久遠以前發生的了。而你來這裡求助的原因是為了得到幫助，維繫你與 Carol 間的關係；你希望她能成為你生命中影響你的那一位，但你卻怕失去她。我們是否可以從你開始討論，這也是我希望幫助你的地方。

你的問題是現在你們之間的關係，而非你的過去。我們當然可以綜觀你的一生經歷去找出影響你有這些強迫行為的原因，但是有用嗎？對你們之間關係的建立有幫助嗎？現在最重要的事是解決你眼前的困擾，而非纏繞在童年遭遇的討論。（p.20）」

Glasser 在治療的過程中一直不斷的告訴當事人：「你不

187

是Melvin，你比Melvin好太多了（p.14）！」Glasser不願Jerry一直沉溺在電影的回憶中，或一直沉溺於症狀的漩渦裡不可自拔。

4.幫助當事人學習選擇理論

Glasser強調現實治療與其他治療法不同之處，就是教導選擇理論是治療過程的一部分（p.20）。

Glasser強調，除非學會選擇理論的方法，否則永遠也無法學會有效控制內在的需求，因為只有選擇正確的行為，並為自己的選擇負責，才能真正滿足自我內在的需求，過一個有意義的生活。

例如，Glasser說：「第一步，就是你必須學到你所有瘋狂的行為都是你所選擇的。如果你能學會為自己的選擇負責，並了解你所選擇的行為，都是為了滿足你的內在需求，你還會有機會學習更多負責的行為。否則離你準備好做自我幫助還有段距離！（p.18）」

又如，Glasser說：「Jerry，你已經選擇強迫行為許多年了，這可能很不容易改變它。我也不會強迫你去停止這些強迫行為……如果你強迫自己停止這些強迫行為，可能你也做不到，甚至將你整個生活弄得一團糟。在下一次我見到你之前，我要給你一個家庭作業，就是每當你選擇做一件事時，你就對自己說：『Jerry，是你自己選擇做這件事的，不要管結果如何，也不要管做得怎麼樣。』你需要嘗試了解，你的決定選擇了每一個行為，不管結果如何，都是你所選擇的。

怎麼樣？你願意試試看嗎？（p.21）」

Glasser 認為，如果當事人可以了解他能選擇所有的行為，他就能學習選擇最好的行為。

5.永不放棄

Glasser 告訴 Jerry：「我絕不會放棄的，如果你認為你的諮商心理師決定放棄你，或放棄了幫助你作改變，那麼你就找錯了諮商心理師！（p.18）」

又當 Glasser 勉強 Jerry 改變行為時（換坐適當的當事人專用座椅），引起 Jerry 的憤怒，不願依照要求改變，但 Glasser 仍不放棄幫助 Jerry 了解這個要求的意義，直到 Jerry 了解自己當為自我的選擇負責。Glasser 說：「我相信你已逐漸開始信任我，我知道這需要一些時間幫助你改變，但，當你願意學習選擇改變時，你就給了我機會來幫助你改變！（p.21）」

四、治療歷程之檢討

㈠治療過程的長短憑藉於諮商心理師與當事人建立信任關係的快慢。當事人與諮商心理師無法建立信任關係時，治療就必失敗。

㈡現實治療是短期而有效的治療法。Glasser 說許多人都以為心理治療是又耗時又昂貴的一種治療，但是這對現實治療來說卻不是如此。在許多例證中常常顯示，第一次晤談就

已效果卓著，十至十二次就必有了非常顯著的改變，當事人若能同時閱讀現實治療的選擇理論，並練習學習作抉擇，為自己的選擇負責，所需花費的時間將更短。

貳、現實治療在婚姻與家庭諮商之應用

Glasser（1998, 2000a, 2000b）特別為因應婚姻諮商的需求，發展了一種具有嚴密結構的婚姻諮商治療方法，稱為結構性的現實治療法。其最大的優點是清楚而直接。

Glasser（1998, 2000a, 2000b）強調婚姻諮商所面對的是伴侶的關係，以及從此關係中延伸出來的種種問題。因前來諮商的夫婦往往都希望得到諮商心理師的同情，特別是那個相信自己是受害者的一方，所以總是期望獲得格外的同情，希望諮商心理師了解他（她）所承受的痛苦，而能站在自己這邊，同情自己所受的痛苦。但婚姻諮商最重要的原則，就是不要輕易捲入任何一方，也絕不參與討論夫婦任何一方的感覺；因討論常常會將諮商歷程帶進歧路，有時更會將原有的問題轉移而迷失了方向。此外，給雙方機會表達自我情緒，會造成更多的混亂，因雙方都會嘗試將諮商心理師拉向自己的一方。若諮商心理師支持任何一方，都會造成另一方在婚姻中的傷害。其實來諮商的夫妻都很會利用這種方法來極力博得同情，因此，結構性的現實治療法所著重的方法是：「找

出對他們的婚姻來說什麼是最好的？而不是什麼可能是對丈夫或妻子其中的一方是好的（p.38）」。

這種婚姻諮商治療的方法，讓大部分來諮商的夫妻都感覺很訝異，因為這些來諮商的夫婦都以為自己是受害者，需要特別的同情，也急於表達自己受傷的感覺。但既然討論會使諮商進入更大的混亂，又很難判斷夫婦中誰是比較願意為婚姻問題負責的一方，所以須快速地將他倆由外在的控制帶進選擇理論，幫助他們夫婦能夠覺察，自己一直是被外在的影響所控制：這些婚姻關係中的問題所造成的困擾，或情緒的糾纏現象；當他倆能脫離這些外在複雜事物的控制，進入內在需求的選擇，學習對自我行為負責，才能有效的幫助他們夫婦改善彼此的關係（Glasser, 1998, 2000）。

結構性的現實治療法同樣開始於「環境的設置」，等到當事人與諮商心理師之間進入共融的關係，彼此間漸入佳境，獲得互信、舒適的關係後，才開始進入正式的「療程」。

Glasser（2000）的婚姻諮商治療以五個問題組成一個結構性的歷程，是使婚姻諮商治療產生極為有效的方法。諮商心理師在整個歷程中，諮商心理師的態度必須是有禮貌的，但卻也是堅定的。在整個進行的過程中，諮商歷程的共同守則為：(1)每一個人可以用自己的方式來回答；(2)每一個人必須等另一個人說完才表達自己的意見，不要同時搶著說；(3)每一個人的回答都必須完整，必須充分的回答問題，當回答不能被接受時，諮商心理師必須清楚的解釋理由；(4)不可催逼，讓當事人能有充分的時間來回答；(5)每一個問題的回答

都需針對問題的核心，不可離題，所回答的內容，需讓彼此都能得到充分的理解；(6)不可以責罵對方。以下將以 Glasser（2000）所示範之實例為藍本（pp. 37-55），並詳為解析。

一、當事人簡介

Bea 和 Jim 是一對夫妻，經濟小康，結婚已有多年，育有子女。Bea 感覺自己多年的忠誠被背叛，非常憤怒，而更氣憤的是她的丈夫並不願說明他的外遇經過，使她感覺遭羞辱和不信任。Jim 雖自己承認外遇的錯誤，但希望不要整天被嘮叨反覆重提舊事，期待雨過天晴，能得到原諒，再重新開始。

二、當事人症狀

Bea 和 Jim，為著一段外遇前來求助。二人結婚已多年，彼此仍深愛對方，卻因 Jim 有了外遇，而開始爭吵；Bea 希望 Jim 能誠實坦承，希望能知道所有的經過，可是 Jim 卻什麼也不願說。目前只知道 Jim 在三年前有了出軌行為，但堅持已結束，不願再談！雖然二人爭吵不休，互相責怪對方——Bea 抱怨 Jim 的背叛，而 Jim 指責 Bea 的嘮叨和不信任，Bea 認為如果 Jim 能誠實以告，她仍願原諒他，可是 Jim 卻希

望能讓這一切不愉快過去，重新開始。雖然二人並不希望離婚，仍希望婚姻能維持下去，但因彼此的看法不一致，爭爭吵吵已使婚姻快瀕臨崩潰。

三、治療歷程描述

Glasser（2000a）認為：離婚不是解決不快樂婚姻的方法，更不是婚姻諮商的目的。結構性的現實婚姻治療法，是運用簡單而直接的結構性問題法，幫助個案了解婚姻的真實意義，看重婚姻的本身而非婚姻中的彼此感覺，不是發覺誰對誰錯，也不是證明誰比較重要，最重要的就是教導夫妻學習選擇理論。這是一個「機會之窗」，當他們彼此願為自己的行為負責時，願意選擇控制自我的行為，而不再只是停留在情緒的宣洩與抱怨外在的控制，才可能幫助解決即將失敗的婚姻。如果面對失敗婚姻的夫婦只知道運用外在的控制，例如：爭取同情、宣洩情緒，或是以暴力控制對方，那麼就好像古希臘的悲劇一般，會一發不可收拾，將導致婚姻走向失敗的命運。

結構性的現實婚姻治療法，Glasser（1998, 2000a）指出首先須建立當事人與諮商心理師之間的共融關係。當彼此間獲得信任與接納後，開始以五個問題組成一個結構性的歷程，好像一個解決環或婚姻環，幫助當事人澄清彼此在婚姻關係中產生的混淆，決不超出這圓環的軌跡以外，只說或做幫助

193

彼此關係能愈來愈緊密的事，以下將逐項解析五個問題的目的與其意義。

㈠治療歷程解析

五個問題的目的與意義：

問題一：「你在這裡嗎？」

晤談一開始，Glasser（2000a）就開宗明義澄清當事人求助的目的與意義。希望幫助當事人了解為何來求助的真正原因，指出他們前來的目的，是希望能幫助他們重建婚姻的關係，而不是為了證明誰對誰錯，誰該為離婚負責！

所以他不斷的問當事人：「你在這裡嗎？（p.38）」希望能喚起當事人的注意，明白來這裡的真正目的是什麼？他不斷重複問題，且直接指出二人心中暗懷鬼胎，表面看起來似乎是想維持婚姻，但其實是不想為離婚負責：「你在這裡嗎？我的意思是，你們的心並不是真正在這裡，你們來這的目的，只是希望我為你們因破壞婚姻關係而帶來的罪惡感背書！（p.38）」

Glasser（2000a）更幫助他們澄清，他們想解決的到底是婚姻本身或是個人的利益？質問他們：「你想幫助自己澄清自我的責任？證明你自己所受的傷害有多深？還是希望婚姻能繼續維持下去？（p.39）」

Glasser（2000a）希望他們能明白，不斷的指責只會破壞

婚姻，而非強迫錯誤的一方承認自己的錯。並非證明自己的傷害有多深，就能解決婚姻的問題。因此他不斷的問當事人：「你是要幫助自己？還是要幫助婚姻？（p.39）」指出他們口口聲聲是為婚姻的延續來求助，但他們所表達的都是自己受害有多深，若是如此怎能幫助婚姻的持續？來求助的目的又怎能達成？若他們的心既不在這裡又為何來求助？

問題二：「你能控制誰的行為？」

教導「選擇理論」是極為重要的步驟。結構性的現實婚姻治療法中，最重要的就是教導夫妻學習「選擇理論」，給他們機會學習為自己的行為負責，願意選擇控制自我的行為，不再停滯在情緒的宣洩與抱怨外在的影響、控制，才可能幫助他們解決瀕臨失敗的婚姻危機。

所以Glasser常一再重複的問：「我是問你能控制誰的行為，而不是問你不能控制誰的行為？（p.39）」因當事人常會答非所問，或未能針對問題的核心回答。例如Glasser問：「你能控制誰的行為？」可是 Bea 和 Jim 卻搶著回答：「我無法控制他（她），我若能控制他（她）！我就不會在這裡了！」

Glasser 不斷的重複問題：「你能控制誰的行為？（p. 39）」希望他們能覺察自我的控制能力，以及學習選擇學習自我控制，直到他們兩個都覺察自我的行為是唯一可以控制的！因「選擇理論」闡釋唯一可以控制的行為是自我的行為。Glasser不斷的重複又重複，直到他倆回答：「我只能控制我

自己的行為。（p.40）」

　　一旦當事人能察覺自我是有選擇的能力，和需要為選擇負責時，才能發揮自控能力，也才是改變的開始。

問題三：「誰能告訴我，你倆相信在你們的婚姻中，現在到底哪裡出了問題？」

　　當Glasser問這個問題時，將會給與他倆機會充分表達情緒感覺。他特別強調不要催逼、不能太急促，需給與充分的時間讓他們表達自己的感覺。

　　Bea 抱怨 Jim 有外遇，卻又不肯誠實坦承他的錯誤，這帶給她極大的傷害。她說：「我要他說清楚，而不僅只是承認就夠了，他說已經過去了，但是，他不說明白我怎麼能過得去？如果他根本不在乎我的感覺，我怎麼還能跟一個不在乎我的人在一起！（p.40）」Jim也搶著說：「你怎麼不在乎我的感覺？明明已經過去了，為什麼還要在乎這些細節？這不是很殘酷嗎？她認為我在掩飾什麼，我什麼都告訴她了，她還是不滿意，你說我又怎能再跟這樣的人繼續生活？（p.41）」

　　從以上的談話中，可以看到他倆是多麼努力想要將諮商心理師拉向自己的一方。Glasser 一再提醒婚姻諮商最重要的原則，就是不要討論！因討論不止會將諮商歷程方向迷失，又會因討論帶來的情緒造成更多的混亂。因為來諮商的夫妻都很會利用這種方法來極力博得同情，雙方都會努力嘗試將諮商心理師拉向自己的一方。而支持任何一方時，都會造成

另一方的傷害。

因此，Glasser 很快的終止他們的談話而轉往下一個問題：「好了，我想你倆已完全回答了我的問題，你倆準備好回答下一個問題了嗎？（p.41）」

即使當事人抗議，諮商心理師在此需非常堅定，既不偏袒任何一方，也不為任何一方的抱怨所動。因 Bea 非常憤怒的責備：「你算是什麼諮商心理師？你根本就不知道你在做什麼？你不問問我的感覺，你也不聽聽我有多麼痛苦！」

結構性的現實治療法所著重的是找出婚姻的本質，找出什麼是對婚姻最好的？而不是同情任何的一方或判斷誰是最好的！所以Glasser說他所選擇的是「婚姻」的一方。這種治療法很難被前來諮商之夫妻接受，因為他們都自以為是受害者，需要得到特別多的同情，也急於表達自己受傷的感覺。但既然討論感覺會使諮商進入更大的混亂，又很難判斷夫婦倆誰是較願為婚姻困擾負責的一方，所以須快速地打斷，將他們由「外在的控制」帶進「選擇理論」，幫助他們倆能夠學習覺察：自己一直是被陷在問題的核心，和糾纏在情緒的現象中。一旦他們能脫離這些外在混雜現象的控制，而學習進入內在需求的選擇，學習對自我行為負責，滿足自我內在的需求，才能有效的幫助他倆改善彼此的關係。

問題四：「告訴我，按照你倆自己的意見，在你們現在的婚姻中什麼是最美好的？但請僅針對美好的事物來描述？

當 Bea 和 Jim 聽到這問題時，兩個人都愣住了！因這是他倆很久以來從未想過的問題。也許從蜜月後，他倆就已忘了在婚姻中還有什麼是美好的事物！

Jim 回答說：「她以前是一個好媽媽，她將房子收拾得很乾淨，她很節省，她以前是一個很有趣的人……（p.43）」Glasser 在此狠狠的打斷他：「也許我很挑剔，但我問的是現在，不是從前！你覺得她現在依然有趣嗎？」

Glasser 將他倆帶入「現在」——此時此刻。現實治療最看重的是現在而非過去，為幫助當事人將目標轉往實際的層面，而非已過去的傷害。因為，若一直停留在過去，就很難改變現在的生活。

因此，當 Jim 願意走出「過去」時，他發現他學會了為「現在」的行為負責，也覺察到他可以選擇控制自我的行為：「如果我一直只注意過去所發生的事，對現在的生活毫無幫助……而我知道我唯一能控制的是我自己，我無法控制妳想什麼或怎麼做，妳也無法控制我！我不再管妳想什麼，我也不再想要控制妳，我承認我做錯了，我也不再罵妳，妳一直都是一位好妻子，我不應該這樣對待妳！（p.44）」

只有等到當事人肯為自己的行為負責時，整個情勢就開始有了轉機。諮商心理師此時必須保持耐性，並阻擋一些要

求與陳述：如婚姻要變好，對方必須怎麼做等等。這樣他倆慢慢都會想出一些還存在婚姻中的美好事物。只要他們開始敘述婚姻中的一些美好事物，很多的憤怒與責備就會逐漸被排除，諮商歷程就會愈來愈順暢。很多時候他倆可能會對自己所說的感到驚訝，但這些都具有正面的意義，幫助他們學習選擇更有益於婚姻的行為（Glasser, 1998）。

問題五：「請你們想一想，在下一個星期中，你們能做些什麼來改善你們的婚姻？」

　　Glasser 要求一個額外的任務，期望能幫助改善他倆的婚姻，也同時希望能提供一個新的焦點，幫助他倆正面思考。這目的是希望能幫助他倆從相互敵對變成同心協力、互相幫助。他倆若能做到這點，就可以使倆人重新看到一線希望，而不再是集中在不良的婚姻關係上，互相爭執、指責。

　　Glasser（2000a）說到此，也在這作了一個總結，告訴他倆：「若你們不願這樣做，婚姻諮商將就此結束！但是，你們若願意嘗試，則將幫助你們有一個新的開始！就看你倆的決定？（p.45）」Glasser 這樣說是要讓他們明白，這是問題的最後關鍵。而婚姻諮商成功與否，也取決於他倆的抉擇。

　　當諮商進行到此，可以發現有一個戲劇性的改變！Bea 很快的轉向 Jim 求助，這是一個非常好的記號，因為，當他們二人互相協助時，就是婚姻諮商成功之時！因婚姻諮商的功能是連結他倆，而非與諮商心理師連結。

　　Jim 努力的向 Bea 解釋：「Glasser 博士並非要將我們放 **199**

棄，我想我慢慢了解他的意思了，他正嘗試幫助我們改善婚姻，只看我們願意與否？（p.46）」Jim 的解釋改變了 Bea 的態度：「我願意承諾，在下一個星期中煮晚餐，並且每天都做你喜歡吃的菜。（p.46）」Bea 的表白並未得到首肯，因 Glasser 要求他倆承諾為對方所做的，是更個人化的事。最終，Jim 和 Bea 相約去完成一個他們一直期望完成的夢——舊金山之旅！而此改變了一切！

(二)治療歷程之檢討

1.清楚與直接，是結構性現實治療婚姻諮商的精神

而直接的問題可以省略許多的解釋，更可直達目標，快速而有效。

2.婚姻的本質，更重於事情的對錯

諮商心理師既不贊同，也不附和任何一方，只站在「婚姻」的一方。在婚姻諮商歷程中，只強調婚姻的本身，因婚姻才是最重要的，所做的一切都應是為了婚姻的好處，而非個人的好惡。所以絕不選邊站，只集中於討論婚姻本身。

3.婚姻關係的七大殺手

批評、責備、抱怨、嘮叨、威嚇、處罰及賄賂是婚姻關係中的七大殺手。這七種壞習慣常會造成婚姻的破口，影響婚姻的關係至巨（Glasser, 2000a）。因為，婚姻中需要的是

愛、信任、包容、鼓勵、積極、接納和真誠，同時也是Glasser
強調建立共融關係的要素。

在整個婚姻諮商歷程中，幫助當事人學習選擇正確的行
為，學習控制自我行為，因為「你唯一能控制的行為，是你
自己的行為！（p.41）」所以只有當他們了解學會控制自我
的行為時，才能改善婚姻的關係。

4.學習選擇理論的金科玉律

運用婚姻環或解決環。

Glasser（2000a, 2000b）闡釋「婚姻環」或「解決環」，
是邀請個案夫婦二人站在一個想像的圓環中，當二人置身在
這環中時，只能說或做幫助彼此能愈來愈產生緊密關係的事，
並遵守婚姻環的金科玉律：「婚姻的優先秩序永遠在個人的
需要之先。（p.149）」

這個婚姻環或解決環，是為幫助夫婦二人澄清彼此在婚
姻關係中產生的混淆，要求他們絕不能說和做超出這圓環的
軌跡以外的事，也絕不讓圓環之外的事來影響他倆，只說或
做對婚姻有益的事，幫助彼此的關係能愈來愈緊密。

在諮商歷程中，以婚姻環或解決環教導當事人，學習控
制自我、選擇正確的行為、遵守婚姻環之律、婚姻的優先秩
序永遠在個人的需要之先、只做和說對婚姻有益的事，而不
作破壞性的行為，諸如上述之七大殺手。並為自己的行為負
責，滿足內在的親密關係，滿足愛與被愛、歸屬的需求，絕
不被圓環軌跡之外的事控制，才能擁有快樂的婚姻。

現實治療法：理論與實務

第七章

現實治療與其他心理治療的比較

現實治療法：理論與實務

　　Glasser開始發展現實治療法，是因為不滿傳統的精神分析之實用性不高。現實治療與佛洛伊德精神分析的方法和技巧有許多不同之處，Glasser 幾經修正，從「大腦控制理論」至「選擇理論」，其間之沿革，已在前幾章中詳為敘述。由於現實治療法之理念與技巧多源自處理當事人的經驗，以致極為反對將當事人視為心理疾病患者——因需要被治療，而不需為自己的行為負責。又特別強調諮商心理師與當事人間的平等對待關係，主張唯有在溫暖、積極、真誠、接納，與不責備、不放棄的治療情境中，才能更有效幫助當事人重新獲得能力，去滿足自我的內在需求，過一個有意義的生活（Corey, 1991; Glasser, 1965; Treadway, 1971；曾端真，1988）。Glasser 認為，人們若能利用其現實治療的觀念於日常生活中，則必能有效的控制其生活，在人生的遊戲中也將常是贏家（Glasser, 1981）。

　　現實治療之理論與技巧和其他心理治療學派頗多淵源，Glasser 並不否認其觀點與別的治療學派可能有相似之處。他亦承認其理論與阿德勒學派、存在主義及理情行為學派等有極相近的關係。本章將逐一解析和討論精神分析、阿德勒、理情行為、行為治療學派間之異同，但因各學派間之觀點不一，所以僅就各學派與現實治療間的不同作比較。

壹、現實治療與傳統精神分析治療之比較

Glasser認為傳統的精神治療效果極低，又由於他曾從事不良少女的更生諮詢工作，使他更確認古典精神分析理念與技巧在現實生活中並不實用。因傳統的精神分析治療耗費時間太久，不斷從回溯童年的遭遇與經歷中探索過去的傷害，許多的病人歷經兩、三年的治療，卻無法改變病情及現行的偏差行為，使諮商心理師和當事人皆倍感困擾與失望，因而發展了與精神分析治療不同的方法和技巧（表7-1）（Glasser, 1965）。

一、在理論和技巧方面的比較

㈠相信心理疾病的存在 vs.不相信有心理疾病

Glasser因早年的實務經驗，極為反對佛洛伊德將精神病人標籤化，認定他（她）們是生了病的無用者，認定他（她）們因無法控制外在的力量和環境，當然無法為這些影響他（她）們的過去傷害事件或環境負責。

表 7-1　現實治療與精神分析治療的比較

比較	精神分析治療	現實治療
理論與技巧的比較	1.相信心理疾病的存在：心理疾病是存在的，治療建基於心理疾病的診斷。	1.不相信有心理疾病：人不能被視為一個心理疾病患者，不需為自己的行為負責，而被治療。
	2.強調探究過去：治療的本質，是在深入探究病人的過去生活。	2.看重此時此刻和未來：不需要探究過去的故事，我們既不能改變已發生的事實，也不必受限於過去。
	3.強調探索潛意識：改變產生，只有在當事人了解或洞察他的潛意識才能發生。	3.著重意識層面的探討：不用從潛意識的衝突或理由來當行為不能改變的藉口。
	4.不強調道德與責任：不論當事人的行為是對或錯。脫軌的行為源自於心理的疾病——當事人是無助的而且也沒有責任。	4.強力主張道德與責任：行為的對和錯，當事人是有責任的。
治療關係的比較	5.強調移情關係與投射：病人需把過去影響他的重要者，轉移到治療者，治療者需清楚解釋這些轉移。	5.強調真實一致的共融關係：以諮商心理師真實的自己，而不是不真實的轉移對象，來與當事人交往。
	6.不重視教導：正確行為的產生是源於了解，故教導正確行為是無意義的。	6.看重在共融環境中的學習：只有透過共融和正確行為的教導，才能期待當事人改進。

　　Glasser 在處理當事人的經歷中有許多疑問，他發現那些病患和被管訓的不良少女，都常自以為無需為自己的行為負責，特別是不良少女常自認有情緒困擾，所以無需為其觸犯的法律行為負責。Glasser 認為，若縱容她們的藉口，她們的行為將永難改變，因她們可以利用生病和情緒困擾作藉口來逃避責任。

　　這些經驗促使 Glasser 反對精神分析的觀點，他認為每一個人都應當對他（她）們所選擇的行為負責。Glasser 不相信心理疾病，認為人不能因自己被視為病患，就不需要為自己的行為負責，而用「病」來作為不負責任的藉口。Glasser 強調，不負責任正是需要被治療的主要原因。因為，人不肯為自己的行為負責，可能正是為了逃避責任而假裝生病，以躲避面對問題的困窘，又或用生病作藉口以致無需承認自己的無能，避免面對無法解決問題的痛苦。Glasser 主張人所選擇的行為，在其時都被認為是最好的抉擇，因他認為每一個行為的決定都是經過大腦的判斷和評估，然後才被選擇來滿足自我內在的需求。人既不想面對困擾，就乾脆選擇逃避，以為躲在「病」的面具後面，就可以逃離而無需面對解決問題的困擾了（Glasser, 1965, 1984, 1989）。

　　Glasser 也認為不斷地回溯童年的遭遇，而不幫助當事人學習面對問題和處理導致他（她）們產生困擾的因素，也許能激起當事人的興趣，幫助他（她）們了解病因，但實際上對當事人的病情與偏差行為卻沒有幫助，甚至會使他（她）們的病情變得更糟。因為藉著精神分析治療，會使當事人覺

察到這些不能改變的力量與環境，是他（她）所無法控制的，當事人將更不能對其所為負責，更有理由躲在「病」的面具後面，藉此逃離，而無需面對解決問題的困擾（Corey, 1991; Glasser, 1965, 1989）。例如：憂鬱症個案，常會以自己有病，藉口昏睡，不肯去上課或按著正常時間作息，以心情不佳或身體欠安來博得更多的同情，其實很可能是為了有藉口而故意不肯振作。抑或，失戀的個案，常會以自己受傷了，心情不好，整日以淚洗面、哭泣不止、易怒，所以就藉口不吃飯、不肯見人，或不肯出門，讓周圍的人覺得自己很可憐，所以需要被同情，以致不必振作、也不必為自己不合理的行為負責。或有時當事人因未能覺察自己以藉口代替振作，若諮商心理師因治療的理念給與包容，而未能幫助當事人覺察，是很可惜的！

但現實治療卻強調，每一個人都需為自己的行為負責，不承認精神疾病，強調造成當事人之所以行為偏差的原因，是因他（她）相信自己是精神疾病的受害者而造成的無效控制，所以Glasser堅信人的選擇是影響人的決定和行為的最大因素。只有基因缺陷而造成的腦部神經疾病，才需要藥物治療，這些疾病必須讓神經內科醫生來治療。精神疾病不能只靠藥物治療，因目前治療精神疾病的藥物，只能使當事人感覺好過一點，卻不能教導當事人學習如何與人改善關係，建立有效行為。所以現實治療絕不會只為當事人貼上精神疾病的標籤；因為即使生病了，也需要為自己選擇受軟弱的生理因素影響，或選擇承受生病行為所帶來的結果而負責。因為

生病的人亦需為自己所選擇的行為負責；何況現實治療不相信精神疾病，只相信人人當為自己的抉擇負責（李茂興，1996）。

(二)強調探究過去 vs.看重此時此刻和未來

精神分析認為人類基本上受早年經驗所限定，看重人從出生至成人之各個階段的心理社會化與性心理的發展。佛洛伊德主張這些人與人際發展領域，都是在五歲以前種下根苗的，亦即人格的發展依此一時期的發展為基礎。這些成長的發展趨勢、各個階段發展上的特徵、正常與不正常的個人與人際功能、重要需求的滿足或受挫、瑕疵人格往後產生的調適問題等，皆根源於早期的經驗與影響。佛洛伊德指出人後期之人格問題都源自於出生前五年的性衝突，他重視嬰兒的性行為表現，強調幼年時期若得不到足夠的滿足，人格就會呈現負面的行為（Freud, 1935; 李茂興，1996）。現實治療看重的卻是「現在」；Glasser 強調只需面對現實的問題和目前困擾的行為，不需要探究過去的故事，他認為既然已無法改變過去的事實，也就不必再受限於過去。

Glasser 強調，即使困擾的產生可能溯源於過去的傷害，當事人現在仍必須學習選擇更好的方法去處理現在的行為，以便能滿足自我內在需求，得到自己所想要獲得的生活。Glasser（1989, 1992）認為，不論過去曾受過多大的傷害，生活上如何挫敗，都已無法再改變這些事實，而現在唯一能做

的就是改變行為，以滿足自我的需求。Glasser 強調，若探討過去有助於當事人規畫出更好的明天，那麼可就此困擾加以討論，找出取代現在使自己陷入困境的行為。他強調解決「現實」問題的重要性，認為唯有在有助於解決現在的問題時，才可探索童年時期的傷害；若只是停留在過去的痛苦中，當事人往往會停滯不前，滿足於舔舐傷口的痛苦。例如，破碎家庭的孩子，成長時候曾遭到父母離異時的分離痛楚，如果只是一味的抱怨父母，抱怨自己的命運，非但無法改變過去受傷的事實，反而會讓自己一直身陷於創痛之中，而無法走出陰霾；若一直自怨自艾，只有陷進自憐的痛苦狀況，永遠不快樂。因為破碎家庭既已是事實，受創也是事實，若能停止抱怨、學習面對現實、走出創痛，這才是最重要的，不要再讓自己纏裹在傷痛中。若能抬頭仰望未來，為自己規畫一個有意義的明天，不但讓自己受益，也會讓周圍關心自己的人受益。

　　最重要的是學習如何過現實的生活，而不要糾纏在幼年的傷痕或痛楚中。又如：對遭受近親強暴的受害人而言，過去的傷害已經造成，時光已無法再倒退；雖然痛苦是事實，也真的無法彌補。但是，人既不能選擇環境、改變過去，也無法選擇父母、選擇親人，但，人可以選擇生命，選擇自己所要過的生活。因為，人既可以選擇燦爛的生命，也可以選擇晦黯的生命；既可以選擇光明的生活，也可以選擇黑暗的生活。若一個人只肯停留在痛苦、悔恨、抱怨及仇視中，既不再可能改變過去傷痛的事實，就只好生活在晦黯生命中。

假若當事人肯面對現在，換一張圖片、換一個想法、換一種生活的態度，選擇讓自己走出痛苦的陰影，讓過去的悲傷、痛楚在此時此刻畫下句點，接受自己受傷害的事實和痛苦的感覺，學習去處理自己的軟弱，和學習紓解壓力與情緒。雖然依舊無法忘懷過去的傷害，依然痛苦，但重新選擇一個新的生活態度，面對未來，卻可以為自己帶來生命的轉機。Glasser 認為，要選擇痛苦、仇恨、悲嘆，和憤怒的生活態度，以悲傷度日，滿懷憤恨，或是選擇學習面對過去，鼓勵自己勇敢的面對未來、努力振作，全在於個人的抉擇。若期望能有一個快樂的生活，卻不肯讓自己從過去的傷痛中走出來，如何能讓自己過得快樂？諮商心理師若能幫助當事人覺察到自己的矛盾，肯於為自己的抉擇負責，而不再陷於過去的痛苦陰影中，走出從前，面對現在的困擾行為，放眼未來，才可以為當事人重新帶來生命的轉機。

因此，現實治療法強調當事人面對現在的行為，反對糾纏在過去的回憶與檢討中。雖有時也會探討對目前行為具有影響力的過去事件，但諮商心理師的工作主要在引導當事人處理現在的不當狀況，幫助當事人學習處理此時此刻的行為，滿足現在的內在需求，而能過一個有意義的生活。

㈢強調探索潛意識 vs.著重意識層面的探討

精神分析強調探索潛意識與衝突是覺察現在行為的中心，精神分析治療雖然讓當事人能洞悉其潛意識中所呈現的心理

困擾，認為透過治療歷程能使當事人產生覺察而進行轉移作用，並獲得解脫，但對於改變他（她）的病情或現在的行為卻無能為力或無法在短期達成（Eagle & Wolitzky, 1992）。

精神分析治療法是運用治療方法和技巧，找出潛意識裡的素材，然後再來處理這些素材。治療過程中，幼時的經驗常會被重組、討論、解釋與分析，治療歷程顯然不局限於解決問題及學習新的行為，而是更深入地探索生活情境中的過去，藉著了解過去，提升對自己的了解（李茂興，1996）。

精神分析係運用治療的技巧，透過傾聽潛意識中所透露的訊息，去了解其背後所隱藏的涵義（Reik, 1948）。藉著打開潛意識中各種意念，如希望、幻想、衝突以及動機等，去發現塵封已久的強烈情緒。諮商心理師的工作就是幫助當事人辨識哪些是壓抑在潛意識中的未完成事件，藉著了解各種事件中的關聯性，來追查引起當事人產生焦慮的原因，以幫助他（她）們覺察自我內在的心理動力。又或，藉著潛意識中所表露的顯性行為或內容，探索構成顯性行為或內容的潛意識性衝動與攻擊衝動，幫助當事人藉著澄清潛意識中的衝突、確認內在的需求，以及覺察潛在的情緒，以致能了解是哪些因素造成了自我現在的困擾。使當事人能了解和覺察到這些情緒和行為時，才真正能解決他（她）們目前所遭遇的心理衝突（李茂興，1996）。

但由於探索潛意識中的深層涵義需要花費時間，而了解與解決內在的情緒也需要時間，往往歷時兩三年仍難有進展，使Glasser更確認古典精神分析理念與技巧在現實生活中並不

實用（Glasser, 2000a）。所以他主張不需藉著潛意識的探索，來重建過去情境中的衝突，因為既耗時又費事，對病情的改變常又難見效；而幫助當事人改變現在的無效行為，和走出此時此刻的困境，才是最重要的。

因為當事人現在最需要學習的是，選擇最好的方法去處理現在的行為，以致能因滿足自我內在的需求，而獲得自己所想要的生活。藉著潛意識的探索，反而促使當事人以潛意識的衝突或理由來當行為不能改變的藉口。

現實治療強調當事人目前的行為、此時此刻當下的感覺，看重的是現在所認知與覺察到的意識和行為。諮商心理師經常詢問：「你現在要什麼？」「你現在決定做什麼？」「你現在計畫怎麼做？」幫助當事人學習面對自我現在的意識和行為，因為只有面對現在，才能抉擇最合適的行為，滿足自我內在的真正需求。現在心裡所想的、所期待達成的目標，才是當下所需要去面對的問題，而滿足這些需求，才能過一個有意義的生活。

㈣不強調道德與責任 vs.強力主張道德與責任

精神分析不強調道德與責任，認為精神病人是生了病的無用者，將他（她）們當成是在過去創傷中的無辜犧牲者，認為他（她）們無法控制那些成長過程中外在力量和環境的影響，他（她）們亦無法為這些影響他（她）的事件或環境負責（Corey, 1991），但當他（她）們痊癒時，自然能依社

會規範行事，而且，強調當事人的行為對錯，將會阻礙移情轉移的關係（曾端真，1988）。Glasser 認為精神分析治療僅能幫助病患覺察到那些不能改變的力量與環境是他（她）所無法控制的，反而使他（她）們更不能對其所為負責（Corey, 1991; Glasser, 1965, 1989）。

Glasser不滿意精神分析的做法，他認為人應對他們選擇的行為負責。Glasser 不滿意精神分析包容病患用「病」來作為不負責任的藉口，主張不負責任是需要被治療的根本因素（Glasser, 1965）。他指出，有時人為了逃避責任，會利用生病作為藉口以躲避面對問題的困窘，以致無需承認自己的無能，也可避免面對無法解決問題的痛苦。

Glasser 認為道德標準是維繫社會的規範，所以必須正視行為的對與錯，他看重道德，認為行為的對錯，病人是有責任的。就如同他在幫助那些管訓中的不良少女時，她們並不會因為了解自己的犯罪行為後就能改變偏差行為。並非如傳統精神分析治療所認定的，當事人在了解其潛意識的病因後，便能克服心理疾病而表現出正當行為。諮商心理師的工作就是正視當事人的行為，幫助他（她）們評斷行為。除非他（她）們能判斷行為的對與錯，否則很難改變（曾端真，1988）。

Glasser認為在治療的過程中加強當事人對行為對與錯的認知，是促進行為改變的有力動機。當諮商心理師幫助當事人了解自己的行為而不是幫其尋找藉口時，他（她）可以感受諮商心理師的關懷，而產生能力面對自我的行為。因現實

治療最重要的是增進當事人忍受生活痛苦的力量，並因負責的行為能增強自己的自信心而帶來的快樂，而非幫助當事人減輕不負責行為所帶來的痛苦。

Glasser 認為精神病院中的患者，是一群不能為自己行為負責的人，他（她）們以不適當的、不合於現實的方法來滿足自我需求；精神病患者常躲在假想的角色裡脫離現實，例如：自以為是有權力的人，像玉皇大帝、王母娘娘、耶穌或希特勒等等，來滿足自己在現實世界中所不能達到的目標，或不能滿足的需求，甚或以暴力行為來達到目的，而不需為自己的行為負責。所以諮商倫理的法則與道德觀念更為重要，以致能處理當事人可能發生的自傷、自殺、傷人，或殺人的行為，而不致違反諮商倫理原則。

所以，為自己的行為負責，是現實治療中極為重要的一環；當事人若決定選擇錯誤的行為，就必須為自己選擇錯誤負責。諮商心理師必須提醒當事人要為自己的每一個行為抉擇負責，但是，也事先有責任幫助當事人澄清和分析，使其了解每一個行為抉擇的後果，了解自己的責任，即使是自殺行為，當事人同樣得為自己選擇自殺行為負責，並要讓他（她）了解自己要為自殺行為的後果負責；尤其要讓他（她）了解諮商心理師亦有責任保護他（她）的安全，有責任預警。諮商心理師有責任提醒當事人注重諮商倫理，在開始建立關係以前必須先說明保密與預警的原則。若當事人在其陳述中有任何自傷、自殺、傷人，或殺人的行為，諮商心理師都必須打破保密原則，向相關人員預警，以防止可能的傷害發生。

二、諮商心理師與當事人的治療關係之比較

(一)強調移情關係與投射 vs.強調真實一致

精神分析治療很少作自我坦露,精神分析學派的諮商心理師多保持中立,因為他(她)們想形成一種移情關係,使當事人對他(她)們產生投射。當事人與諮商心理師的關係是以移情關係為主,而移情的概念正是精神分析治療法的核心(Eagle & Wolitzky, 1992)。

精神分析治療認為,如果諮商心理師不談自己也不作個人反應,則當事人對他(她)們的感覺,大部分只會跟自己過去生活情境中重要人物間的感覺相關。移情則是指當事人將過去在生活情境中與重要人物的正向與負向情感或幻想,在潛意識下轉移到諮商心理師的身上,使當事人的過去關係中,那些未完成的事件能重現在諮商心理師面前。這些投射可以使未完成及受到壓抑的情境得到重視,而分析這些移情關係的情境,正是精神分析治療的核心工作內容(李茂興,1996)。

精神分析主張探索當事人的過去,將過去加以重建及再度體驗當中的情境,隨著心理治療的進行,幼時的感覺和衝突,會從潛意識的深處浮現,例如:信任與不信任、愛與恨、

依賴與獨立，以及自主與羞慚等。這些與幼年交纏的愛、恨、性、敵意、焦慮，以及悔恨等相關的內在衝突，浮現至現在的時空之中，讓當事人再度體驗這些衝突，以及讓這些情感附著在諮商心理師的身上，當事人可能會將諮商心理師視為一個過去情境中懲罰、要求，以及控制別人的權威人物，例如：嚴厲又不具愛心的父親。此時對諮商心理師就會產生敵意，此乃負向的移情。抑或也可能產生正向移情，將諮商心理師視為一個過去情境中重要他人的代理者（例如：過世的母親），而愛上諮商心理師，期待能被接納，尋求愛與贊同。

當事人與諮商心理師之間的關係，在精神分析中是很重要的，由於這種關係，特別是移情作用的經歷與突破，使當事人能頓悟其潛意識裡的心理動力，覺察到這些曾遭受壓抑的未完成事件，是分析過去成長過程中的基礎（李茂興，1996）。但是，Glasser 認為，心理分析治療不斷地重述導致當事人心理疾病的外在事件與人物，而未幫助他（她）們學習面對問題和導致他（她）們產生困擾的因素。雖然探索能讓當事人洞悉其潛意識中所呈現的心理困擾，認為透過治療歷程能使他（她）產生覺察而進行轉移作用，但是並未獲得解脫，在改變他（她）的病情或現在的行為上卻無能為力或無法在短期達成。

現實治療卻主張以真實的自己，而非不真實的轉移對象，來與當事人交往。現實治療看重的是「真誠坦露」而非「保持中立」。Glasser（1989）認為，諮商心理師應該真實而誠懇的表露自我，需要與當事人建立共融的關係。只有當諮商

心理師以自己真實的面貌來面對當事人，以溫暖、接納的態度包容和鼓勵當事人，而不僅是情感轉移與投射當事人過去的情境重現，才能建立一個新的共融關係，而激發當事人能為自己的行為負責。

現實治療認為諮商心理師應按照自己的人格特質來面對當事人，並非改變自己去遷就當事人，也非等待當事人從過去情境的投射中去覺察。因諮商心理師的真實個性與表現，可使當事人有機會學習自我接納和肯定，以健康、正面的方式來面對自己的軟弱與缺點。也不是用一種假象來要求自我、壓抑自我，應當是就說是，以真誠的態度來幫助當事人。現實治療拒絕移情作用，認為是一種誤導觀念（Glasser, 1984），反而使當事人躲在幕後，所以諮商心理師不需要將自己的角色當作當事人過去情境中的重要人物，例如：嚴厲的父親或母親。

Glasser 認為諮商心理師不需隱瞞自己的感覺、壓抑自我，或代當事人受過，而暗自飲泣、自責，將當事人的錯誤背負在自己身上。諮商心理師在治療的關係中，內在經驗與外在表現是一致的，諮商心理師的坦誠在治療的關係中能促進當事人情感的表達，使當事人學習真實面對自己，更能真誠面對人。

若諮商心理師發現當事人表裡不一致時，應當即時停止諮商，因當事人不喜歡或不贊同時卻假裝接納，治療是不會有效的。同樣的，諮商心理師假裝接納當事人的表現，更會影響治療關係；諮商心理師也有情緒，在整個諮商過程中，

適當的傳訴，可以幫助當事人調整自己的情緒，當事人或能因為認知諮商心理師的情緒而增加信任；因此，真誠與共融的關係，是治療者和當事人之間的橋梁（陳志賢，1997）。

(二)不重視教導 vs.看重在共融環境中的學習

傳統精神分析治療主張正確行為的產生是源於了解，故教導正確行為是無意義的。而現實治療卻認為透過共融的關係，幫助當事人學習正確的行為，才能期待當事人改進不負責任的行為。佛洛伊德認為，在當事人了解其過去的傷害及潛意識的根源之後，自己就能學習正確的行為，所以不重視教導，也不將學習負責任的行為加入治療的歷程之中（曾端真，1988）。

但是，Glasser 卻認為幫助當事人學習負責任的行為去滿足內在基本心理需求，是治療中最重要的目標。他反對傳統精神分析從潛意識中探索過去傷害因素的耗時治療方法，而主張幫助當事人看重當下的行為和想法，幫助當事人樂意學習較好的行為來滿足自我現在的需求。所以，諮商心理師應幫助當事人檢視現在生活中的不適當行為，發覺問題，並評估現在的行為是否能滿足自我需求。Glasser（1984, 1989）強調諮商心理師應與當事人建立共融的關係，並在共融的基礎上，幫助當事人產生能力面對自我的困難，察覺自我行為所造成的阻礙，並學習更好的方法，增進自我價值觀，選擇更適當的方法解決問題。

Glasser看重治療關係中平等對待的友好和諧關係，他不斷的提到：真誠的接納是贏得當事人信任的主要因素，使當事人因獲得安全感，而能加速增進彼此互動的關係，以達到治療預期效果的方法。他並極力主張：只有在建立起一種安全而信任的共融關係時，才能幫助當事人產生能力學習滿足自我的需求。而這平等對待的關係才可使當事人因經驗到接納、包容，而使他（她）易於學習滿足在真實世界中之需求（Corey, 1991; Glasser, 1965; Treadway, 1971）。

因此，現實治療是以一種實際有效的治療方法，幫助當事人面對現實，認識自我現況，學習為自己負責，不再拒絕面對真實世界，不再拒絕面對自己的責任，學習面對問題，學習以有效的方法解決困難，才能有效滿足自我內在的心理需求。

Glasser認為當事人除了需要學習面對現實外，更需要學習選擇負責的行為和有效的方法，滿足此時此刻的需求，過一個有意義的生活；因為當事人有時找出了問題所在，但卻不知道正確的解決方法。諮商心理師需要幫助當事人評估和計畫，也就是說：若當事人決定了所期望改變的行為後，諮商心理師必須幫助當事人確定如何能確切實踐所抉擇之行動，與當事人一起討論行動的方向，與目前不適當行為可能產生的阻擾。找出最合適的方法解決所遇到的困難，才能真正解決問題。當遇到困難無法作選擇時，亦必須幫助當事人學習考量現實層面中的需要，找出困擾的真正原因，以正面積極的態度面對困難，找出有效的方法解決問題，滿足當下自我

221

的需求，才能過一個真正有意義的生活。

總而言之，現實治療與傳統精神分析不同之處在於看重共融關係、面對現實、學習負責的行為，及有效的方法和計畫處理自己的問題。

貳、現實治療與阿德勒學派治療之比較

Alfred Adler 因與佛洛伊德理念不合而創阿德勒學派治療法，認為社會與文化因素對於人格的形成有極大之影響（Corey, 1991）。他認為人並非只決定於遺傳因子與環境，而是也能夠理解、影響，與創造事件。Adler 強調內在需求會決定人的行為之抉擇，但也相信外在環境和生理上的條件會限制人選擇與創造的能力，與現實治療既相似又不同（李茂興，1996）。

Glasser 的主要觀念受到 Maslow 和存在主義影響，而此二者均受到 Adler 的影響，諸如現在與此時此刻、歸屬與愛，及平等、接納、支持，與尊重等概念，在他們的治療技巧與方法上都有極多之著墨，以致兩種治療法雖然有所不同，但理論卻多有相通之處（Glasser, 1984, 1989; 曾端真，1988），以下討論為此二種治療法理論與技巧和治療關係之比較（表7-2）。

表 7-2 現實治療與阿德勒學派治療之比較

比較	阿德勒學派治療	現實治療
理論與技巧的比較	1.強調社會興趣：主張人基本上追求歸屬感，但更需要社會的參與。	1.強調基本內在心理需求：人不只有歸屬感，還有權力感、自由感、趣味感等心理需求。
	2.強調治療的本質在洞察過去的影響：不重視探索過去，重視的是洞察當事人的過去生活史的影響，了解不當的生活型態產生的原因。	2.不看重過去，只看重現在和未來：不需要探究過去的故事，認為既不能改變已發生在自己身上的事實，也不必受限於自己的過去。
	3.看重早期經驗中雙親對人格發展的影響：雙親的關心與愛對人格發展是有影響的。	3.強調雙親的教導和影響：父母應提早教養孩子學習負責任的行為。
	4.強調負責的行為：不鼓勵為不當行為找藉口。	4.強調選擇負責的行為：不鼓勵為不當行為找藉口。
	5.主張家庭星座結構的影響：人在家庭成員中的社會心理地位會受星座結構影響。	5.不探索家庭結構與心理地位。
治療關係的比較	6.看重合作的關係：治療關係是一種合夥關係，雙方是相互依賴的朋友，以平等合作的態度，向著彼此同意的目標邁進。	6.強調共融的關係：看重的不只是合作支持的關係，更需建立和諧共融的關係，認為良好友誼關係是成功治療的關鍵。

一、理論與技巧的比較

㈠強調社會興趣 vs.強調基本內在心理需求

Adler強調社會興趣，雖也主張行為的內在決定因素，但指出人基本上是追求歸屬感，最重要的還是來自對社會參與的需要。Glasser 強調人的內在需求不只有歸屬感，還有權力感、自由感、趣味感，所有的動力因素都來自內在的需求。

社會興趣，是阿德勒學派最重要也最獨特的觀念，指人覺察到自己是人類社會的一份子，因無法完全自給自足，所以必須學習與別人相互依賴，為了追求更美好的生活，而學習與別人一同分享和關懷他人的福祉。能關懷他人和分享是心理健康的指標，Adler 指出，人隨著社會興趣的培養和學習，自卑與疏離感就會逐漸消失，藉著社會的參與和興趣，及互動與尊重都會培養出生命的光明面；反之，若未能發展社會興趣，生活就會籠罩在黑暗中（李茂興，1996）。

Adler強調人從社會中獲得快樂和成功，脫離社會將無從了解人類的行為。人的歸屬、價值、接納和安全感，都是內在的基本需求，唯有當人獲得歸屬與愛時才有勇氣面對和處理自我的問題。Glasser 也強調親密關係是其他基本內在需求之鑰，愛與歸屬的滿足，可以產生極大的能量與動力去勝過

所遭遇的困境。Alder 和 Glasser 同樣強調行為的內在決定因素。

　　Adler 指出價值觀、信念、態度、目標、興趣，以及人對於現實狀態的知覺情形等，都會影響人的生活態度；而現實治療則強調權力、自由和趣味感等基本需求，這些需求在人際共融的關係中亦不能或缺。他指出人為滿足這些需求而選擇不同的行為，人因滿足不同的需求，人際之間亦會產生相依和互斥，只有當人滿足了自我的真正需求，才能過一個有意義的生活。

㈡強調治療的本質在洞察過去的影響 vs.不看重過去只看重現在和未來

　　在治療的本質方面，Adler 雖不重視探索過去，但重視的是洞察當事人過去生活史的影響，認為人類行為是受到社會驅力的影響，人雖生長在相同的環境中，卻會因不同的人格產生個別差異，所以應了解生活型態之影響。Adler 相信行為有目標在引導，而人格的核心是意識而非潛意識，他看重抉擇、責任、生命的意義，以及追求成功與完美，這些理念均同於現實治療。

　　Adler 雖也重視未來，但卻也未低估過去經驗的影響，他認為人在作決定時是根據過去的經驗、目前的狀況，及對未來規畫的方向，因此過去、現在與未來是具有連續性的，均應予以重視。諮商心理師會運用幼年回憶作為治療技巧，幫

助當事人回憶幼年時期的事件，並與現在的信念、價值觀、態度，以及主觀偏見比較，他主張諮商心理師應當像一個心理探索者，與當事人一同探索過去、現在和未來的關聯性，並密切注意其感覺、動機、信念與目標，以了解在生活方式中所呈現的意識感，從其中探索隱伏在感覺背後的信念，找出可能的謬誤思維，幫助當事人一同從生活的經驗中探討有哪些成長的其他選擇，並找出通往未來更豐碩的方法（李茂興，1996）。

Glasser 卻主張應更看重現在和未來，只需面對現實的問題和目前困擾的行為，認為不需要探究過去的傷痛，因為人既不能改變已發生在自己身上的事實，也就不必受限於過去，只須學習選擇更好的方法處理現在的問題，滿足自我內在需求，得到自己所盼望獲得的生活。

Glasser（2000a）指出，唯有在有助於規畫更好的未來時，才需探討過去，不需停留在過去的痛苦中停滯不前，應設法走出陰霾，仰望未來，選擇燦爛的、光明的生活，讓過去的悲傷、痛楚劃下句點，學習去處理自己的軟弱，和學習紓解壓力與情緒，為自己重新帶來生命的轉機。

㈢看重早期經驗中雙親對人格發展的影響 vs.強調雙親的教導和影響

Adler 看重早期經驗中雙親的關心與愛對人格發展的影響，認為幼年時的依賴、渺小與無能的經驗，往往會形成人

的自卑感。他強調自卑感，認為是一切創造的源頭，特別在幼年時期，是所有人努力奮鬥的原因，會促使人追求成熟、優越，以及完美。父母的教養方式會影響孩子的人格，他亦與佛洛伊德一般，主張六歲以前的經驗會影響人的理解與解釋，認為那時人的目標就已形成，這些目標是行為的推動力，是為了追求安全感與克服自卑感。

Glasser亦強調父母應提供培養孩子責任感的環境，幫助孩子建立成功認同的性格。Glasser（1965）說：人若沒有機會在年幼時從親密關係中學得愛與責任，終其一生將無法脫離痛苦，因他（她）將無法滿足自我的內在需求。他認為父母愈早培養孩子的責任感愈好，因早期學習勝過成長後的學習。孩子從負責的父母身上學到負責的行為，他（她）們能以愛心和耐性來訓練孩子，讓孩子能在一種正面積極的關係中學習負責。Glasser認為小孩必須先感受到雙親的關心，在溫暖、積極正面和被接納的家庭中，才有能力接受父母的訓練並學習到負責的行為，改變自我及有能力滿足自我內在的基本需求。

㈣共同強調負責的行為，不鼓勵為不當行為找藉口

Adler 和 Glasser 都強調負責的行為，不鼓勵為不當行為找藉口。Adler不接受當事人抱怨自己的無能、悲傷、煩悶與氣憤，認為這些行為都是在為自己找藉口，以逃避為自己的行為負責。所以在治療的關係中，當事人不應被視為被動的

接受者，而應主動的投入治療關係中，並從合作的關係中學會為自己的行為負責，更能學會為自己的生活負責（曾端真，1988）。

Glasser亦強調責任，駁斥不負責的藉口；諮商心理師不可縱容當事人的不負責行為，必須堅定、一致，無論當事人請求或威脅，都必須能維持鎮定，堅守立場。也就是諮商心理師不僅只是自己以堅定的態度過負責的生活，也必須能堅定的指引當事人面對現實，即使在負起責任面對現實時會有一些痛苦，亦不能縱容當事人的不負責行為，有責任教導當事人重視為其行為負責的價值觀，因此，必須拒絕任何藉口。若當事人未能執行已協議過的行為，或沒有能力完成計畫而改變，諮商心理師需協助當事人再重新檢討計畫執行的情況，了解困難及不能執行的原因，但必須堅持，拒絕接受各種藉口。必須幫助當事人了解，「藉口」只是一種自我欺哄的行為，雖然暫時安逸，或逃避面對問題和困擾，但最終卻會導致失敗。

Glasser認為拒絕接受藉口，灌輸積極的生活信念，幫助當事人相信自己有能力可以重新控制其行為，是現實治療中最重要的工作。諮商心理師應當幫助當事人積極討論現在的行為、評估實際可滿足的內在需求、引導當事人擬定明確的改變計畫，並切實執行，才能真正達成治療目標。

㈤主張家庭星座結構會影響社會心理地位 vs.不探索家庭結構與心理地位

Adler主張家庭星座結構會影響人在家庭成員中的社會心理的地位。主張小孩子會從其在家庭中與人、事、物的關係中，來建立自我的概念並形成生活型態。Adler觀察到同一個家庭中成長的孩子卻會產生極大的差異，是因出生別和家中個人的地位不同而影響。因人在幼年時期，與他人的互動來往已形成一種模式，對自己亦形成特定的概念，這些都會帶到成人時期跟別人的互動關係中，所以家庭動力的影響，在手足的關係中扮演著極為重要的關係，這些關係所形成的人格傾向，亦影響著人際的關係。

現實治療並不探索家庭結構與心理地位，Glasser只強調內在基本需求對人際行為的影響，認為所有的行為呈現都是因著內在的需求而決定，而所有行為的抉擇皆取決於大腦的選擇，不是受外在環境的控制。

二、治療關係的比較

看重合作的關係 vs.更強調共融的關係

Adler將治療關係視為一種合夥關係，雙方是相互依賴的朋友，諮商心理師與當事人二者是以平等合作的態度，向彼此同意的目標邁進。諮商心理師會以合作的方式解決當事人的問題，並加強當事人對自我生活應負的責任，一起為著當事人的利益而努力。

諮商歷程的進行，是朝向共同一起處理當事人認定重要的、願意討論的與改變的個人問題。諮商心理師幫助當事人去察覺自己的資產與長處，而非一味的檢討自我的缺點，更運用各種的鼓勵與支持，以傾聽、回饋、尊重和表達真誠，相信當事人一定能改變，建立治療的信任關係。若當事人缺乏信心，自尊心低落時，諮商心理師所提供的支持可以幫助當事人袪除自卑和沮喪，以幫助當事人發揮其潛能而改善行為（李茂興，1996）。

Glasser最看重的不只是合作支持的關係，更需要的是建立和諧共融的關係，他認為當事人與諮商心理師間的良好友誼關係是成功的關鍵。諮商心理師必須先為當事人創造一個支持性的環境，規範建立起融洽關係的必要原則，才能為後

續的諮商歷程奠定基礎（Glasser, 1986; N. Glasser, 1989; Wub-bolding, 1988）。

Glasser指出，只有建立了共融的關係，在一個正面、積極、完全接納、無懲罰的環境中，才有辦法幫助當事人生出能力滿足需求，消除痛苦。有時僅僅是善意的忠告，無法在毫無共融的關係下使當事人振作起來，因缺少共融的關係將無法幫助一個人得到滿足。Glasser（1998）認為：人際關係是大多數當事人的困擾，無論是婚姻暴力、藥物濫用、家庭關係的疏離或親子關係等等，都顯示出縱使科技進步，卻無法改善人與人之間的關係。所以，現實治療認為共融關係的建立是很重要的，只有藉著共融的關係，才能幫助當事人重建自我。

參、理情行為治療與現實治療的比較

理性情緒行為治療是 Albert Ellis 所發展，強調提供工具使當事人能重建其人生哲學與行為風格。Ellis 同樣是因反對精神分析學派的方法而創理情行為治療法，他也認為精神分析不止無效且會使病情變得更糟（Corey, 1991）。所以他喜歡運用鼓勵和說服的技巧，教導當事人去做他（她）們所不敢做的事，操練行為的能力與現實治療有極相似之處，但主動與指導的色彩卻與之不同。

理情行為治療法也受到 Adler 的影響，強調社會興趣對
心理健康的重要，同樣認為目標、意圖、價值觀及生存意義
是極重要的。極重視處理想法與行為，而非重視感覺的表達；
視治療為一種教育的過程，諮商心理師扮演的角色為教師。
這些皆不同於現實治療，以下將逐一比較（表 7-3）。

一、理論與技巧的比較

㈠主張無需探討人的「基本需求」或「滿足需求」vs. 強調探討滿足人的「基本需求」和為「滿足需求」所造成的行為模式

理情行為治療法主要的目標是培養更實際的生活哲學，
減少當事人的情緒困擾與自我挫敗行為；並減低因生活中的
錯誤而責備自己或別人的傾向，以及教導當事人如何有效處
理未來的困難。所以理情行為治療法主要是在於引導人們檢
視及改變一些最基本的價值觀，尤其是那些使他（她）們困
擾的觀念，Ellis（1979, 1991）稱治療的特定目標是關心自我、
自我引導、自我接納、容忍、包容性、承諾、科學的思考、
社會興趣、勇於冒險、不要過度理想化、高度容忍挫折的能
力、接受不確定性，以及為自己的困擾負責，而非探討未滿
足基本需求所造成的行為模式。

表 7-3 理情行為治療與現實治療的比較

比較	理情治療	現實治療
理論與技巧的比較	1.主張無需探討人的「基本需求」或「滿足需求」。	1.強調探討滿足人的「基本需求」和為「滿足需求」所造成的行為模式。
	2.強調「改變信念」，因改變想法引導行為改變。	2.強調「實踐改變」，改變不只是想法改變，更需要確實「實踐」在行動的改變上。
	3.強調「外因性」的轉變：改變是經過諮商心理師的分析、研討幫助當事人改變。	3.強調「內因性」的轉變：轉變是因為人需要滿足自己的「基本需求」而轉變。
	4.強調「不合理信念」影響行為：當事人的問題或困擾是因著不合理或錯誤的想法造成的。	4.強調「選擇」影響行為：當事人的問題或困擾是因著錯誤或偏差行為的選擇。
	5.強調思想、感覺、行動和生理反應是分別來觀察的。	5.強調思想、感覺、行動和生理反應是整體行為的反射：不管是觀察或治療都必須整體來考量。
治療關係的比較	6.強調關係的建立，但非共融：需要建立當事人—諮商心理師之間的關係，但不需要一種特別友好的關係。	6.強調共融關係：非常注重建立當事人—諮商心理師之間友好、溫暖的關係。
	7.強調教導價值觀：諮商心理師根據當事人的情況幫助當事人作自己的價值判斷。	7.強調自我選擇價值觀：當事人根據自己的內在需求為自己的行為作價值判斷。

現實治療則強調探討滿足人的「基本需求」和為「滿足需求」所造成的行為模式。Glasser認為人每個行為的決定，都是經過大腦的判斷和評估，然後才被選擇來滿足自我內在的需求，當一個人的內在基本需求無法被滿足時，就會造成心理或精神上的困擾，進而造成心理或精神上的疾病。治療的目的是幫助當事人學習用各種方法，重新取得對生活的控制權，並能過一個更令自己滿意的生活，因為人所選擇的行為，都是為滿足自我的基本內在需求。因此，在治療過程中，諮商心理師必須協助當事人找出最有效的方法，滿足其歸屬、權力、自由、樂趣等基本內在需求，不再讓「自我拒絕」的行為存在於其未來的生活中，而能過一個滿足的有意義生活。

㈡強調「改變信念」vs.強調「實踐改變」

理情行為治療法是應用各種的認知方法，以思考、駁斥、辯論、挑戰解釋、分析和教導，幫助當事人藉著改變想法來引導行為的改變。諮商心理師會教導當事人了解導致困擾的認知假設，並說明非理性信念如何導致負面的結果，使當事人覺察到自我的非理性信念，是導致功能不良的情緒和行為時，就必須嘗試改變錯誤的觀念，學習以有效的方法駁斥自我挫敗的想法，消除導致情緒和行為困擾的非理性思考，重新以正面的態度引導情緒和態度的改變。

但現實治療強調的不只是想法的改變，更需要確實「實踐改變」。所以看重的是當事人的行動力，因有時認知改變

了，卻常常沒有動力去執行改變。理情行為雖也看重家庭作業的演練，鼓勵當事人不斷的練習，檢視自己的進展，訂定計畫，並找出處理潛在問題的策略，但多停留在認知情緒和行為上向非理性信念之挑戰。現實治療師更切實的幫助當事人執行改變，除了作計畫，更協助當事人對計畫的執行效度做評估，直至當事人能找到最有效的方法改變行為，達到滿足自我內在的需求，過一個有意義的生活。所以，現實治療又被稱為行動的治療法，看重的是執行的結果。

(三)強調「外因性」的轉變 vs.強調「內因性」的轉變

理情行為治療主張改變在於樂意去嘗試練習；當事人在治療歷程中的角色是學生或學習者，治療是一個再教育的歷程，主要是教導當事人學習如何應用理性的思考，去解決問題並因而改變情緒與行為。治療的目的不在探討為何或如何獲得非理性的思考，而是應當如何察覺自我挫敗信念並挑戰之。所以首先需洞察自我在生活中選擇了哪些事來困擾自己，然後了解自我最初獲得的非理性方式，以及如何選定並保有這些信念，最後，了解若要改變自我的人格與不安的傾向，並不需要神奇的方法，只需樂於嘗試練習，就能夠改變自己的人格。

但現實治療所看重的則是內因性的轉變，認為行為或想法的改變都是因為人需要滿足自己的基本需求而轉變。因Glasser 主張行為的產生都來自內在的需求，人所選擇的行為都

是為滿足自己基本的生理或心理需求。例如，Glasser常舉例說：人之所以選擇不闖紅燈、不穿越馬路，或選擇走人行陸橋，都是因為本身安全的考量，是因為求生存的內在本能需求，而選擇不隨意穿越馬路；選擇接聽電話，是因為友誼的需求，因有強烈的慾望想對某人說話，需要滿足愛與被愛的歸屬需求。所以，選擇改變，是因為這樣的選擇可以滿足人的基本內在需求，而非練習或外在環境的要求。

㈣強調「不合理信念」影響行為 vs.強調「選擇」影響行為

理情行為治療假設人同時具有理性的、正確的思考及非理性的、扭曲的思考潛能。Ellis（1979）認為人的困擾是受到自己制約的結果，人有生物上與文化上的傾向去扭曲思考不停的困擾自我；人有保護自我、快樂、思考，並以口語表達、愛、與別人溝通，以及成長與自我實現的傾向。同時亦有自我毀滅、逃避思考、因循、重蹈覆轍、迷信、無耐性、完美主義、自責，以及逃避成長的傾向，極容易讓自己因學來的自我挫折而妨害自我成長。因為人會將許多非理性信念內化而無可避免地導向自我挫敗，將自我的慾望及偏好逐漸轉為獨斷的、絕對的「應該」、「必須」、「一定」、「當然」等要求和命令，使自己墜入困擾之中。這些不實際與不合邏輯的觀念，會產生分裂與不相容的情緒，而這些非理性的想法則會產生許多不良的功能與行為（李茂興，1996）。

然而，現實治療認為當事人的問題或困擾不是因著不合理或錯誤的想法造成，而是因為「選擇」，錯誤的選擇會造成錯誤或偏差行為，以致帶來問題和困擾。有時錯誤的選擇是因為逃避面對問題，例如：精神疾病患者為了不願負責解決自我的問題，而以此為藉口故意躲在病的面具之後。

㈤強調分別觀察思想、感覺、行動和生理反應 vs.強調總合行為，思想、感覺、行動和生理反應是總合行為的反射

　　理情行為治療認為心理困擾大部分是認知歷程受到干擾造成的，而為了改變情緒狀態與行為，強調必須改變認知。Ellis（1995）指出人不是被事情困擾著，而是被對該事情的看法困擾著；所以，理情行為治療雖然鼓勵當事人去體驗不被接納的情緒，但更重要的是試圖幫助當事人找出使其受到困擾的非理性信念，再找出方法去幫助他（她）克服沮喪、焦慮、創傷、自我價值的失落，以及怨恨等情緒。理情行為治療非常依賴思考、駁斥、辯論、挑戰、解釋、分析和教導等認知技巧，針對當事人的非理性信念逐一解析，分別觀察思想、感覺和行為的反應。

　　但現實治療卻將思想、感覺、行動和生理反應當作一個總合行為的反射，不管是觀察或治療都必須整體來考量。Glasser 認為總合行為的四個部分（TAFP）就好像汽車的四個輪子，掌管著汽車的行進與運作，思想、感覺、行動和生理反

應的運作，被人的基本需求所決定。這四部分的運作是相互緊密關連，互為影響而牢不可分，牽引著正面和負面不同的反應，人為滿足這些需求，就會因此選擇合適的行為去達成目的（Floyd, 1987; Renna, 1991）。Glasser 認為人的思想、行動會影響人的感覺，緊接著帶來生理的變化，而這些變化是剎那之間的改變，一瞬間，總合行為的四個部分看似分開但卻是整體的轉變。所以，行為、思想、感覺，與生理反應是不可分的總合行為，需要整體考量而不能分別觀察。

二、諮商關係的比較

(一)強調關係的建立，但非共融 vs.強調共融關係

理情行為治療法是認知性和指導性的行為治療方法，諮商心理師主要是使用強調教育性的說服方法（李茂興，1996）。認為需要建立諮商心理師與當事人之間的關係，在晤談初期彼此之間需要建立互信的默契，和能鼓勵當事人自由談話的關係，一旦形成這些關係後，往後不再那麼強調治療關係。因諮商心理師扮演的是科學家和教導者，向當事人原已接受或從未曾質疑就視為真理的自我挫敗信念挑戰，以一種鼓勵的、說服的，甚至是指導的方法，幫助當事人去對抗錯誤的或傷害的自我挫敗信念（Corey, 1991）。

現實治療卻非常注重建立當事人與諮商心理師之間友好、溫暖的共融關係。認為只有在建立接納、鼓勵、正面、積極，和非懲罰的環境下，當事人才有能力處理自我的困難，也才能面對自我內在的需求，選擇合適的行為去滿足它，過一個有意義的生活。

㈡強調教導價值觀 vs.強調自我選擇價值觀

理情行為治療最重要的工作就是教導當事人，如何以理性的信念與態度取代非理性的信念與態度（李茂興，1996）。Ellis（1979）指出當事人那些非理性信念是根深柢固的，以至於自己無法加以改變，因此，諮商心理師需要一步一步的教導當事人，首先學習區分理性與非理性信念，然後帶著當事人超越覺察的階段，並協助當事人矯正錯誤想法和放棄非理性思考，最後再教導當事人發展一套理性的生活哲學，才能真正避免成為非理性思考的犧牲者。

但現實治療卻是教導當事人學會選擇理論，及教導當事人重視總合行為的價值觀，拒絕為自己不負責任的行為找藉口，然後在共融的關係中幫助當事人產生能力，根據自己的內在需求為自己的選擇作價值判斷。Glasser 不主張教導當事人作行為與思想的矯正，只支持當事人覺察自我內在的需求，然後學習自己做抉擇，選擇最合適的行為來滿足自我內在的需求，過一個有意義的生活。

肆、行為治療與現實治療的比較

　　行為治療與現實治療同樣反對精神分析，不強調歷史性的因素，且看重的是目前所面對的問題和造成這些問題的因素。另外，相同的是強調負責和重視道德，在治療的目標上行為治療法只協助當事人改變他（她）們所想改變的行為，因此在決定目標上當事人有極大的控制權和自由。又，行為治療法特別關切事務上的道德問題，在治療的各個階段中會讓當事人參與作抉擇，在整個治療的歷程中是完全投入的夥伴（李茂興，1996）。

　　激進的行為主義一直將認知因素排除在外，不過至一九七〇年，行為治療亦開始承認思考的合法地位，並認為在了解與處理問題上，認知因素扮演著核心的角色。但行為治療強調刺激－反應論說，認為行為的產生是來自外在環境的刺激，其特徵是以治療為導向，重視實證研究，強調行為、學習的作用，以及嚴格的診斷與評鑑。治療的方法是否有效須以實證說明，若無進步則將會仔細檢視原始分析的資料與治療計畫（Corey, 1991; Kazdin, 1994）。

　　但是，Glasser 極反對行為主義所主張的刺激—反應說，認定行為的產生是來自內在需求而非外在刺激，認為行為的產生完全是因為自我內在的力量所激發，所有的行為之所以

被選擇，都是為了控制人自我內在的基本需求，為了能滿足自我，過更豐富的生活。所以，治療的目的是幫助當事人了解自我的內在需求，學習選擇合適而有效的行為，並為自我選擇的行為負責，以致能過一個有意義的生活。

以下將比較並討論兩者之不同（表 7-4）。

一、理論與技巧的比較

㈠強調外控，主張刺激－反應說 vs.強調內控，主張內在心理需求

行為治療法以人類行為的科學觀點為出發點，認為人既是生產者也同時是環境的產物（Bandura, 1974），強調刺激－反應論說，認為行為的產生都來自外在環境的刺激。早期以動物實驗來驗證制約反應的學習模式，諸如迷籠老鼠與鴿子啄食的學習行為，主張刺激－反應連結的形成或行為習慣的強化與改變，強調影響內驅力是學習的動機，行為反應是練習的結果與增強的效應。當代行為治療則認為人既是受環境影響的被動者，也是有能力影響環境的主動者（Bandura, 1974, 1986）。

現實治療卻主張行為之產生來自內在心理需求，Glasser強調行為的產生是人試圖滿足心理需求時，所產生的反應方

表 7-4　行為治療與現實治療的比較

比較	行為治療	現實治療
理論與技巧的比較	1. 強調外控：主張刺激─反應論説，認為行為的產生來自外在刺激。	1. 強調內控：反對刺激─反應論説，主張行為之產生來自內在心理需求。
	2. 強調行為是學習得來的，無需探討人的「基本需求」或「滿足需求」。	2. 強調行為的產生是為滿足內在基本需求所造成。
	3. 行為的分析建立在微觀單位：分別觀察思想、感覺、行動和生理反應。	3. 強調總合行為：行為模式的處理應以整體統合來考量。
	4. 行為處理焦點置於行為法則。	4. 行為處理在探討內在需求的影響。
	5. 不強調歷史性的因素：只看重目前的問題和造成這些問題的因素。	5. 不探討過去只看重現在與未來。
治療關係的比較	6. 治療關係是一種協同合作的關係：訓練自我評估治療。	6. 治療關係是建立在共融的關係上。

式。他解釋人如何將頭腦當作控制系統來運作，認為人因有自我內在的基本心理需求，為滿足這些需求，遂在腦海中的優質世界裡形成一些滿足內在需求時的圖片；所有行為的產生不是因為外在的刺激，而是人為了嘗試控制外在真實世界以滿足內在需求所決定因應的行為。

㈡強調行為是學習得來的 vs.強調行為的產生是為滿足內在基本需求

　　行為治療法認為「學習」是行為變化的重要因素，許多的症狀乃經學習得來，所以也可經學習被消除。古典制約認為行為的產生是刺激－反應的連結反應，而有些行為反應則是由被動的機制引起的，例如：膝反射及唾液分泌；操作制約則認為行為是因在環境中所採取的行動所產生的結果，如閱讀、寫字、開車等，這些行為會因環境所給與的強化作用而增加或減少。行為的改變之所以產生，乃因行為伴隨的某種特別結果，所以在環境中缺乏增強時，不管正增強或負增強，學習就不會發生（李茂興，1996）。因此在治療的方法上多採用自助訓練、因應技能訓練、行為改變訓練技術，以及自我管理方法，以運用行為學習的方法及增強的效應來改變行為的模式，而非藉探討滿足基本需求而產生的行為模式。

　　現實治療則強調行為的產生是為滿足內在基本需求所造成，探討滿足人的「基本需求」和為「滿足需求」所造成的行為模式。Glasser 認為，行為之決定是經過大腦的判斷和評估，然後被選擇來滿足自我內在的需求。當一個人的內在基本需求無法被滿足時，就會造成心理或精神上的困擾，遂而造成異常行為，所以主張行為的產生不是「學習」而來，是為因應「內在需求」而產生的。而治療的目的則是幫助當事人探索滿足自我的基本內在需求的行為，學習用各種方法，

重新取得對生活的控制權，以致能過一個更令自己滿意的生活。因此，在治療過程中，諮商心理師須協助當事人找出最有效的方法，來滿足其歸屬、權力、自由、趣味感等基本內在需求，而非僅是學習因應的行為。

㈢強調行為的分析建立在微觀單位 vs.強調整體統合的總合行為

行為治療法，強調行為的分析建立在微觀單位，分別觀察思想、感覺、行動和生理反應，主要是藉觀察而非根據個人的信念。它最凸出的特徵是堅持有系統的遵循明確的規範及測量的方法，針對當事人的行為逐一評鑑，從外在的刺激、個體的影響、行為的反應，及所隨附的因果關係和行為的結果，推想有關影響行為的因素，或從行為、情感、感官知覺、心像、認知、人際關係，及藥物或生物學等逐一深入探索，找出核心和重要影響的癥結點。待完成行為的評鑑後，諮商心理師即依結果選擇合適的治療模式，以協助當事人改變其不適應的行為（李茂興，1996）。

但現實治療強調總合行為，將思想、感覺、行動和生理反應當作是整個行為的反應，不管是觀察或治療都必須整體來考量。Glasser認為思想、感覺、行動和生理反應的運作是總合行為的四個部分（TAFP），被人的基本需求所決定，這四部分的運作是相互緊密關連，互為影響而牢不可分，牽引著正面和負面不同的反應，而這些變化是剎那之間的改變，

一瞬間，總合行為的四個部分看似分開但卻是整體的轉變。所以，需要整體考量而不能分別觀察（Glasser, 1984; Floyd, 1987; Renna, 1991）。

㈣行為處理焦點置於行為法則 vs.行為處理在探討內在心理需求的影響

行為治療法以行動為導向，看重學習行為的法則，諮商心理師教導當事人從事特別計畫的行為改變技術，以解決自身的問題，而不只是討論問題與困擾的因素。當事人在整個治療的歷程中，均需學習監督自己的行為，學習並演練應變技能，及藉著角色扮演學習新的行為，以達到行為改變的目標，以及適應環境的能力。

但現實治療所看重的則是內因性的行為轉變，認為處理行為或想法的改變才能滿足自我的基本需求。因Glasser主張行為的產生是來自內在的需求，而非學習，所以行為的改變不能僅止於處理表面的行為演練，更重要的是找出行為產生的原因。只有當滿足了自我基本的生理或心理需求，才能真正改變行為。例如：縱使從小學即從事多年的交通安全訓練，仍無法禁絕闖越紅燈或穿越馬路，因人之所以選擇走人行陸橋，是因為自身安全的考量，是因為內在求生存的本能需求，而選擇不隨意穿越馬路。所以，推廣安全或學習愛護自己的生命比訓練交通安全行為更重要，因為選擇安全行為才可能滿足人的基本內在生存需求，而非反覆練習或外在環境的要

245

求所能達成。

㈤同樣只看重目前的問題和造成這些問題的因素，不強調歷史性的因素

　　行為治療法強調目前的問題和造成這些問題的因素，不強調歷史性的因素。諮商心理師假設當事人的問題與行為的困擾，是受到目前情況條件的影響，所以在治療歷程中，會持續診斷問題行為以及造成這些行為的條件情況，並使用各種行為技術來改變這些影響行為的條件。

　　現實治療也不探討過去，只看重現在與未來。Glasser 強調，只需面對現實的問題和目前困擾的行為，不需要探究過去的故事；他認為既無法改變過去就不必再受限於過去（Glasser, 1965, 1984, 1989）。Glasser 強調，即使困擾的產生可能溯源於童年的傷害，但，無論過去有多大的傷痛，生活上是如何挫敗，都已無法再改變這些事實，當事人必須學習面對現在，選擇更適當的方法處理眼前的行為，以便能滿足當下自我內在需求，得到自己所想要獲得的生活。

　　Glasser 強調解決「現實」問題的重要性。認為唯有在有助於解決現在的問題時，才可探索童年時期的傷害，因他認為若只是停留在過去的痛苦中，往往會使當事人停滯不前，滿足於自憐。但若能停止抱怨，學習面對現實，不要再讓自己纏裹在傷痛中，不但讓自己受益，也會讓周圍關心自己的人受益。因此，選擇積極或消極的生活態度，全在於個人的

抉擇。因為,現實治療法強調幫助當事人面對現在行為的改變,而反對糾纏在過去的回憶與檢討中,諮商心理師的工作主要在於引導當事人處理現在的不當行為,幫助當事人學習處理此時此刻的行為,滿足內在的需求,而能過一個有意義的生活。

二、治療關係之比較

強調治療關係是一種協同合作的關係 vs.強調共融的關係

　　治療關係是一種協同合作的關係,目的在訓練自我評估。行為治療中,諮商心理師進行的每一項嘗試、治療方法的性質與歷程,都會預先告知當事人,並訓練當事人自行發起、進行,以及評估自己的治療。行為治療大部分的方法帶有教育色彩,強調教導當事人學會自我管理的技能,並期望他(她)們能將所學到的技能應用在每天的生活中。諮商心理師會提供當事人明確的治療程序,及定義明確的角色。幫助當事人注意明確的事務,並會有系統的收集情境的因素、問題類型的構面,以及困擾造成的結果,並鼓勵當事人去試驗新行為以擴展對環境的適應,以及幫助他(她)將治療中所學到的東西,再推廣轉移到治療以外的情境中。

　　行為治療中，諮商心理師與當事人也必須將治療目標訂立清楚與具體，雙方需作出一份合同來引導治療的進行，並不斷的修正以確實能達成目標。諮商心理師會以合作的方式幫助當事人了解自己的問題，雙方合力討論與目標有關的行為、處境、行為改變的程度、目標的性質，以及達成這些目標的行動計畫，並與當事人探討所定的目標是否為當事人自己所期望的改變，以及是否切於實際。以加強當事人對自我生活應負的責任，一起為著自我的利益而努力。

　　Glasser 最看重的不僅只是合作支持的關係，更重要的是建立和諧共融的關係。他極強調成功的關鍵在於創造一個支持性的環境，認為只有規範共融的關係，才能奠定後續成功的諮商歷程（Glasser, 1986; N. Glasser, 1989; Wubbolding, 1988）。

　　Glasser 說只有建立一個正面、積極、完全接納、無懲罰的共融環境，才能使當事人生出能力達成目標，滿足需求，消除痛苦。當事人無法在毫無共融的關係下振作起來，因缺少共融的關係將不可能幫助一個人得到滿足。所以，現實治療認為只有藉著共融的關係，才能幫助當事人重建自我，也才有能力面對和改善自我的困擾與問題。

表 7-5　現實治療法與其他四種心理治療的比較

比較	理論與技巧的比較	治療關係
現實治療	1. 不相信有心理疾病，人不能被視為一個心理疾病患者，不需為自己的行為負責。 2. 看重現在和未來，不需探究過去的故事。 3. 不探討潛意識的衝突。 4. 強調道德：當事人需為行為的對錯負責任。 5. 強調「內因性」的轉變，反對刺激─反應論說，探討基本內在需求滿足。 6. 強調父母應提早教養孩子學習負責任的行為。 7. 強調選擇負責的行為，不鼓勵為不當行為找藉口。強調確實的「實踐」行動。 8. 強調總合行為，思想、感覺、行動和生理狀態是總合行為的反射。	1. 諮商心理師應以真實自我，而非不真實的轉移對象，來與當事人交往。 2. 強調共融的關係，非常注重建立當事人與諮商心理師之間友好、溫暖的關係，強調只有透過共融的關係和正確行為的教導，才能期待當事人改進。 3. 當事人是根據自己的內在需求為自己的行為作價值判斷。
精神分析治療	1. 心理疾病是存在的，治療建基於心理疾病的診斷。 2. 治療的本質是深入探究病人過去生活。 3. 改變產生，只有使當事人了解或洞察他的潛意識才能發生。	1. 當事人需把過去影響他的重要者，轉移到諮商心理師，諮商心理師需清楚解釋這些情感的轉移。

（續下表）

249

（承上表）

	4.逃避道德的問題——不論當事人的行為是對或錯。脫軌的行為源自於心理的疾病——當事人是無助的而且也沒有責任。	2.正確行為的產生是源於了解，故教導正確行為是無意義的。
阿德勒學派治療	1.強調社會興趣，主張人基本上追求歸屬感，需要社會的參與。 2.治療的本質，不重視探索過去，重視的是洞察當事人的過去生活史的影響，了解不當的生活型態產生的原因。 3.看重早期經驗中雙親的關心與愛對人格發展的影響。 4.強調負責的行為，不鼓勵為不當行為找藉口。	看重合作的關係，治療關係是一種合夥關係，雙方是相互依賴的朋友，以平等合作的態度，向著彼此同意的目標邁進。
理情治療	1.無需探討人的「基本需求」或「滿足需求」。 2.必須產生「改變」，改變想法引導行為改變。 3.「外因性」的轉變，是經過諮商心理師的分析、研討幫助當事人改變。 4.當事人的問題或困擾是因著不合理或錯誤的想法造成的。 5.思想、感覺、行動和生理反應是分別來觀察的。	1.需要建立當事人—諮商心理師之間的關係，但不需要一種特別友好的關係。 2.諮商心理師根據當事人的情況幫助當事人作自己的價值判斷行為。

（續下表）

行為治療	1.主張刺激－反應論説，認為行為的產生來自外在刺激。 2.行為是學習得來的，無需探討人的「基本需求」或「滿足需求」。 3.行為的分析建立在微觀單位，分別觀察思想、感覺、行動和生理反應。 4.行為處理焦點置於行為法則。 5.不強調歷史性的因素，只看重目前的問題和造成這些問題的因素。	治療關係是一種協同合作的關係，訓練自我評估治療。

現實治療法：理論與實務

第八章

現實治療的貢獻與限制

現實治療法：理論與實務

現實治療法最大的優點是：適合於各種治療方法——無論是個別和團體諮商、婚姻和家庭治療、危機處理、心理復健與矯正，也適用於一般的社會工作、教育、機構管理，及社區發展等各方面的輔導工作。正如Glasser強調，現實治療是適用於任何有心理問題的人，包括輕微的情緒困擾到嚴重的精神疾病，此已在前面的章節中著墨極詳而不再贅述。

「William Glasser協會」從一九六七年成立以來，超過五萬五千人接受現實治療、選擇理論，及領導管理的訓練，他（她）們在其中深受幫助。協會並藉著「基礎週」（basic week）與「進階週」（advance week）兩種密集訓練工作坊（intensive training workshop）和為期兩年的實習及督導制度來訓練現實治療師以擴展現實治療法，期望能藉此使更多諮商與教育工作者受益。另外，在各種有關的現實治療個案研究中，也發現現實治療的技巧都能有效的協助當事人覺察其內在需求，並作有效的改善，而能重新過一個有意義的生活。

壹、價值與貢獻

現實治療在諮商心理工作上貢獻極多，其最大之貢獻是開創了一個與精神分析截然不同的新治療理論，發展了短期、快速，及有效的治療技巧。Glasser強調，應該揚棄外在控制而以選擇理論來取代舊有的傳統治療理論，並使之成為一種

255

適合於跨文化、跨種族的治療方法。Glasser（2000a）說：

> 有些人對心理治療有一些錯誤的觀念，認為心理治療又貴、又耗時，但對現實治療來說卻不是事實。在我的治療經驗中，常常第一次就能幫助當事人發現自己的問題，從而改善自己的困擾，作正確的選擇，為自己的行為負責；剎時之間，他（她）的問題就立即得到改善，不再需要求助而能學習自我抉擇和自我解決困難。通常十至十二次一定可以有明顯的效果。若當事人能藉著閱讀書籍熟練「選擇理論」，往往更能縮短療程。（pp. 23-24）

現實治療能快速達到治療的目標，是因做法明確而實際，藉著結構性的治療方法和技巧，諮商心理師與當事人一同以「評估」作為衡量有效行為的準則，督促當事人不斷的修正計畫，改進執行策略，直到達成目標；而不會讓當事人一再的找藉口拖延、逃避，而功虧一匱。但諮商心理師絕不是教練，也不是老師，他（她）與當事人是處在一種平等的治療關係中，藉著接納、包容、鼓勵、不放棄、不鼓勵藉口、不懲罰的積極正面態度，建立一個共融的環境。現實治療強調「負責」、「選擇」及「共融關係」，認為當事人的困擾皆係出於人際關係上的問題，所以必須先解決人際的困難，建立和諧共融的關係，才能產生有效控制使當事人能因此而產生能量，不致停滯，而有能力為自己做適當的選擇，為自己

的行為負責，作有效的控制，滿足自我內在需求，過一個有意義的生活。

現實治療能有效達成目標，最主要的技巧就是：行動與計畫。將注意力放在積極能做到的事，而非擺在做不到的事上，這對當事人的行為改變有極大的助力，因專注在能夠執行的事上、保持不停的行動力，當事人既學習往前看、向前走，又學習對自我行為負責，學習面對自我，作自己行為的價值判斷，使能維持前進而有效的步驟。Glasser 指出：只靠領悟與覺察是不夠的，諮商心理師必須協助當事人擬定執行計畫，並訂定契約作下承諾，致能確保達成預設目標，使治療快速奏效（李茂興，1996）。

現實治療許多重要的原理已被應用在多元文化諮商工作上（Corey, 1991; Wubbolding, 1990）。由於現實治療強調接納和尊重，以致能包容任何文化與價值觀。諮商心理師的角色是幫助當事人站在自我的文化和背景中作決定，因當事人了解自己必須為自我的每一個選擇負責。Wubbolding（1992）建議現實治療用在其他種族的治療時，須因應當地的文化習慣。他舉例說：當現實治療被用在日本時，須以更婉轉的語氣和態度，使當事人容易感受被包容；這對現實治療來說非常容易，因它有足夠的包容和尊重來接受各種文化的要求。所以現實治療適合任何的文化，也能被任何文化接受。實際上，現實治療在台灣的應用亦早已被許多國內的文獻提出，且證明其適用於台灣的心理諮商工作（黃雅玲，1992；陳志賢，1997；張景然，1994a，1994b；張傳琳，2000，2001e）。

貳、限制與批評

　　現實治療有許多不容否認的優點，但也有許多被批評之處。Corey（1991）批判現實治療與心理分析是兩種截然不同的理論，是它的優點，但也是它的缺點。因Glasser幾乎抹煞了心理分析的價值，他雖不否認當事人的過去遭遇及潛意識會帶來當下行為的影響，但卻否認那些因素在改變目前行為的價值（曾端真，1988）。又，現實治療將意識作為治療的重心，而未考慮壓抑的衝突、童年創傷經驗，及夢的解析在諮商歷程中的角色，以致可能忽略了一些重要的資源，無法藉由更豐富的內容來探索當事人內心的掙扎與衝突。

　　另外，Corey（1991）認為現實治療反對移情轉移也會帶來治療的狹隘。因Glasser將移情視為一種逃避的藉口，但確實也是一種幫助當事人可以作為生活上與重要人物互動關係中的覺察與反省，失去了移情轉移的替代，可能會限制當事人藉著投射而能覺察的探索。因真實有時是一種幫助，有時也會成為一種阻力，當事人若是缺乏覺察的人，又失去想像的空間，也可能真實就成了一種限制；因諮商心理師的真實會限制當事人將移情轉移到他（她）身上的機會，以致無法藉投射產生覺察。

　　還有，當事人的毅力薄弱，也會影響現實治療實踐行動

的要求，因現實治療強調負責任、選擇和行動，以致無法給與當事人足夠的空間與時間。Glasser 反對心理疾病的觀念，看重現在的行為，但若當事人過度軟弱與猶疑，則現實治療無法幫助當事人達成治療目標。

最後，Corey（1991）提出現實治療師若不能敏銳覺察到文化因素的限制時，也會造成治療的瓶頸。有些弱勢族群與異文化因素，會影響當事人無法考慮自身的需求時，現實治療法將無法有效的幫助當事人面對自我需求或滿足基本需求。例如：中東婦女在其文化背景中，是無法將自我需求放在家庭需求之上的。所以必須以更包容、更寬闊的態度與空間來幫助當事人。

但是，可以放心的是，由於現實治療法最重要的是站在「現在」與「事實」的觀點上，面對自我最「實際」的問題，既然文化背景是當下最大的影響，當然必須將之放在考慮與抉擇之中。當做選擇或決定之時，諮商心理師必然會幫助當事人，為自己的選擇負責，也會幫助當事人評估做決定後的優缺點，以及自己可能承受的壓力和後果。又，在共融的關係中，諮商心理師也會在當事人不適當的抉擇時，給與最大的支持和鼓勵。所以，當事人一方面可以因諮商心理師的包容與支持，考量自我承擔責任的能力，一方面也因有時間和空間去考量，而能給與自己更多的時間訓練自我承擔的能力。

所以，了解現實治療的優缺點、限制與價值後，更可以有效的運用現實治療。

現實治療法：理論與實務

參考書目

【中文部分】

周庭芳（2000）：從「控制理論」到「選擇理論」。諮商與輔導，172，25-28頁。

洪若和（1989）：現實治療理論及其在學校教育上的應用。台東師院學報，2，279-305頁。

曾端真（1988）：現實治療理論與實施。台北：天馬出版社。

曾端真（2001）：從現實治療到選擇理論（上）。諮商與輔導，187，20-25頁。

曾端真（2001）：從現實治療到選擇理論（下）。諮商與輔導，188，27-32頁。

黃雅玲（1992）：現實治療訓練方案之訓練效果及輔導效果研究。國立台灣師範大學教育心理與輔導研究所碩士論文。

陳志賢（1997）：Glasser控制理論的文化適用性初探。輔導季刊，33（1），52-58頁。

廖鳳池（1997）：現實治療簡介（發表於法務部主辦之少年犯罪防治研討會）。

張景然（1994a）：現實治療團體：一個適用於犯罪少年的團體諮商方案（上）。觀護簡訊，198，2-10頁。

張景然（1994b）：現實治療團體：一個適用於犯罪少年的團體諮商方案（中）。觀護簡訊，199，9-12頁。

張景然（1994c）：現實治療團體：一個適用於犯罪少年的團體諮商方案（下）。觀護簡訊，200，11-12頁。

張傳琳（2000）：大腦控制系統理論在現實治療中的應用。諮商與輔導，172，19-24頁。

張傳琳（2001a）：循環諮商歷程在現實治療中的實施與應用（五之一）。諮商與輔導，187，15-19頁。

張傳琳（2001b）：循環諮商歷程在現實治療中的實施與應用（五之二）。諮商與輔導，188，21-26頁。

張傳琳（2001c）：循環諮商歷程在現實治療中的實施與應用（五之三）。諮商與輔導，189，25-29頁。

張傳琳（2001d）：循環諮商歷程在現實治療中的實施與應用（五之四）。諮商與輔導，190，22-25頁。

張傳琳（2001e）：循環諮商歷程在現實治療中的實施與應用（五之五）。諮商與輔導，191，26-28頁。

李茂興（1996），Corey, G. 原著：諮商與治療的理論與實施（5th Ed.）。台北：揚智出版社。

Bandura, A. (1974). Behavior therapy and the models of man. *American Psychologist*, 29, 859-869.

Bandura, A. (1986). *Social foundations of thought and action: A social cognitive theory.* Englewood Cliffs, NJ: Prentice-Hall.

Campbell, R. (1985). *Inventory of perceptions and behaviors: Construction of an assessment instrument based on Reality Therapy and Control Theory.* Unpublished doctoral dissertation, University of San Francisco, CA.

Chang, C. L. (1995). *A comparison of the effectiveness of counseling or teaching Taiwanese university students with Control Theory/Reality Therapy as the Model.* Unpublished doctoral dissertation, Taxes Tech University.

Cockrum, J. (1989). Reality Therapy: Interviews with Dr. William Glasser, Psychology, *A Journal of Human Behavior*, 26(1), 13-16。

Corey, G. (1991). *Theory and practice of counseling and psychotherapy* (4th ed.). Pacific Grove, CA: Brooks/ Cole.

Corsini, R. (1984). *Current Psychotherapies* (3rd ed.). Itasca, IL: F. E. Peacock.

Eagle, M. & Wolitzky, D. (1992). *Psychoanalytic theories of psychotherapy.* In D. Freedheim (ed). *History of psychotherapy:*

263

A century of change (pp.109-158). Washington, DC: American Psychological Association.

Ellis, A. (1979). *Rational-emotive therapy: Research data that support the clinical and personality hypotheses of RET and other modes of cognitive-behavior therapy.* In A. Ellis & J. M. Whiteley (eds.), *Theoretical and empirical foundations of rational emotive therapy* (pp.101-173). Pacific Grove, CA: Brooks/Cole.

Ellis, A. (1991). *Achieving self-actualization.* In A. Jones & R. Crandall (eds.), *Handbook of self-actualization.* Corte Madera, CA: Select Press.

Floyd, C. (1987). Using the car analogy to teach control theory to gifted elementary school children. *International Journal of Reality Therapy, 7*(1), 16-22.

Freud, S. (1935). A general introduction to psychoanalysis: A course of twenty-eight lecturs delivered at the University of Vienna. New York: Liveright.

Glasser, N. (ed.). (1980). *What are you doing? How people are helped through reality therapy.* New York: Harper & Row.

Glasser, N. (ed.). (1989). *Control theory in the practice of reality therapy: Case studies.* New York: Harper & Row.

Glasser, W. (1965). *Reality therapy: A new approach to Psychiatry.* New York: Harper & Row.

Glasser, W. (1969). *Schools without failure.* New York: Harper &

Row.

Glasser, W. (1972). *The identity society*. New York: Harper & Row.

Glasser, W. (1976). *Positive addiction*. New York: Harper & Row.

Glasser, W. (1981). *Stations of the mind*. New York: Harper & Row.

Glasser, W. (1984). *Reality therapy*. In R. Corsini (ed.). *Current psychotherapies* (3rd ed.). (pp.320-353). Itasca, IL: F. E. Peacock.

Glasser, W. (1985). *Control theory: A new explanation of how we control our lives*. New York: Harper & Row.

Glasser, W. (1986). *Control Theory in the classroom*. New York: Harper & Row.

Glasser, W. (1989). A clarification of the relationship between the all-we-want world and the basic needs. *International Journal of Reality Therapy, 9* (1), 3-8.

Glasser, W. (1990). *The control theory-reality therapy workbook: A guide for teaching & understanding*. Institute for Reality Therapy. New York: Harper & Row.

Glasser, W. (1992). *The quality school*. New York: Harper Collins.

Glasser, W. (1993). *The quality school teacher*. New York: Harper Collins.

Glasser, W. (1994). *Control Theory Manager*. New York: Harper Collins.

Glasser, W. (1995). *Staying together*. New York: Harper Collins.

Glasser, W. (1997). *A new looks at school failure and school success*. Journal of Phi Delta Kappan. Vol.78 Issue 8, 596-602.

Glasser, W. (1998). *Choice Theory.* New York: Harper Collins.

Glasser, W. (1999). *Choice Theory: A new psychology of personal freedom.* New York: Harper Collins.

Glasser, W. (2000a). *Reality therapy in action.* New York: Harper Collins.

Glasser, W. (2000b). *Creating the competence based classroom.* New York: Harper Collins.

Glasser, W. (2000c). *What is this thing called love.* New York: Harper Collins.

Glasser, W. (2000d). *Every student can succeed.* New York: Harper Collins.

Glasser, W. (2000e). *Getting together & staying together.* New York: Harper Collins.

Glasser, W. (2001a). *The new reality therapy.* New York: Harper Collins.

Glasser, W. (2001b). *Hope from a completely new perspective.* New York: Harper Collins.

Glasser, W. (2001c). Unhappy Teenagers-A way for parents and teachers to reach them. New York: Harper Collins.

Glasser, W. & Karrass, C. (1980). *Both-win management.* New York: Lippincott and Crowell.

Glasser, W. & Wubbolding, R. E. (1995). *Reality therapy.* In R. Corsini & D. Wedding (eds.), *Current psychotherapies* (5th ed.) (pp.293-321). Itasca, IL: F. E. Peacock.

Kazdin. A. (1994). *Behavior modification in applied settings* (5th ed.). Pacific Grove, CA: Brooks/Cole.

Peterson, A., Chang, C. L. & Perry, L. (1997, Spring). The effects of reality therapy on locus of control among students in Asian universities. *International Journal of Reality Therapy 16*(2), 80-87

Peterson, A., Chang, C. L. & Perry, L. (1998). The effects of reality therapy and choice theory training on self concept among Taiwanese university students. *International Journal for the Advancement of Counseling 20*, 79-83.

Peterson, A., Chang, C. L. & Perry, L. (1998, Spring). Taiwanese university students meet their basic needs through studying CT/RT. *International Journal of Reality Therapy 17*(2), 27-29.

Paterson, A., & Parr, G (1982). Pathogram: A visual aid to obtain focus and commitment. *International Journal of Reality Therapy, 2* (1), 18-22.

Powers, W. (1973). Feedback: Beyond behaviorism. *Science, 179* (4071), 351-356.

Reik, T. (1948). *Listening with the third ear.* New York: Pyramid.

Renna, R. (1993). Control Theory and persons with cognitive disabilities: A neuropsychological perspective. *International Journal of Reality Therapy, 13*(1), 10-26.

Treadway, D. (1971). Reality therapy as a model for college student counseling (doctoral dissertation, University of Northwestern,

1971). *Dissertation Abstracts International, 32,* 4971a.

Wubbolding, R. E. (1988). *Using reality therapy.* New York: Harper Perennial.

Wubbolding, R. E. (1990a). *Evaluation: The cornerstone in the practice of reality therapy.* Alexandria, Egypt: Omar Center for Psychological and Academic Consultations, Studies, and Services.

Wubbolding, R. E. (1990b). Expanding reality therapy: Group counseling and multicultural dimensions. Cincinnati, OH: Real World Publications.

Wubbolding, R. E. (1991). *Understanding reality therapy.* New York: Harper & Row.

Wubbolding, R. E. (1992). *Basic concepts of reality therapy* (5th ed.). Los Angeles: Institute for Reality Therapy.

Wubbolding, R. E. (1994). *Cycle of managing, supervising, counseling and coaching using reality therapy* (chart) (8th revision). Cincinnati, OH: Center for Reality Therapy.

Wubbolding, R. E. (2000). *Reality therapy for the 21st century.* Philadelphia: Taylor and Francis.

附 錄 ....

附錄一
現實治療法在團體與教導應用方案建議

　　如何有效的運用現實治療？在台灣已有許多的研究，也成功的被運用於各種不同的族群中（黃雅玲，1992；陳志賢，1997；張景然，1994a，1994b；張傳琳，2000，2001a）。筆者於一九九三年亦曾將現實治療以教導和團體輔導的模式，運用在台灣的大學生中。當時以清華、交通、中央及中華四所大學二百一十七位學生為樣本，其結果甚佳，發現經過教導和團體輔導的學生，都有長足之進步（Chang, 1995）。參加實驗之學生都能藉著現實治療的學習和在團體中的練習，在校園中的行為都能得到有效的控制，學會為自己的行為負責，使其生活能更健康、更有意義。

　　所以，在此願將筆者在博士論文（*A comparison of the effectiveness of counseling or teaching Taiwanese university students with Control Theory/Reality Therapy as the model*）所採用之教學和團體輔導單元與課程設計附后，以作為應用現實治療法之參考：

一、團體輔導單元設計

(一)進行方式：共八次，以團體輔導方式進行，每週二小時。

(二)目標：學習現實治療法和選擇理論，幫助參與者學習有效控制自我行為及個人生活，為自己的選擇負責，滿足基本需求，以能過一個有意義的生活。

(三)團體輔導單元設計表（附錄表 1-1）

附錄表 1-1 團體輔導單元設計表

現實治療團體

·生命的轉機·

團體目標：藉著自我認識，幫助個人敢於面對實際需要，並藉著群體動力、互相激勵、彼此學習，確定自己的目標，且勇於達成。

單元	名稱	團體內容與目標	單元活動
(一)	有緣千里來相會	團體開始 簡介及承諾 建立團體關係	1.熱誠歡迎 2.三分鐘自我分享 3.團體規則與承諾
(二)	我就這樣過了一生	參與及建立關係 了解自我的真實需求 並知道如何實現	1.建立信任感 2.正面積極訓練 3.基本心理需求

（續下表）

（承上表）

(三)	我思故我在	校園行為與自我評估 自我探索與管理	1.檢視行為 2.操縱方向盤 3.澄清需求 4.行為重建
(四)	花非花霧非霧	感覺世界及優質世界 認知與界定 真實與夢幻	1.大腦系統 2.新圖片或舊圖片 3.內在控制 4.個案討論
(五)	新生活運動	評估及計畫 檢討學校行為與態度 並知道如何改進	1.問題海報 2. WDEP／TAFP 3.決策與行動 4.握手協議
(六)	人生的一小步 生命的一大步	生涯目標與生涯規畫 學習計畫人生 目標與藍圖	1.踏出成功的第一步 2.人生藍圖 3.做與行
(七)	生命與轉機	承諾及發展計畫 學習彼此建議批判	1.評估與發展 2.獎賞與鼓勵 3.拆毀與建設
(八)	相見時難別亦難	團體結束 檢討評量與回饋 再相會	1.總結及鼓勵 2.分享回饋 3.承諾 4.群策群力

單元一：簡介及承諾

【第一階段團體的目標】首先需提供一個溫暖及尊重的環境，以建立團體信任。所有團體活動的設計，是藉著互動的關係幫助團員能互相認識，並建立信任感，以及發展接納、溫暖、尊重，與鼓勵的關係。團體輔導的技巧為：

1. 熱誠歡迎

團體中的每一份子，都被邀請參與「我歡喜因為你在這兒」遊戲。每位團員圍繞圓圈，相互握手，歡迎彼此，並介紹自己：「我是……」及「我歡喜因為你在這兒」。然後由諮商心理師帶領所有團員討論，幫助參加者了解團體輔導的目的。

2. 三分鐘自我分享

每位團員輪流用三分鐘簡單說明：在他（她）生命中最重要的一件事。

3. 團體規則與承諾

共同討論和協議團體的遵行規則與共同之承諾，需要邀請每一位團員共同遵守保密協定，並徵得全體團員協議將完全參與團體的進行，一學期八次，每週二小時，與諮商心理師共同進行現實治療團體，及簽約絕對遵守所有團體協定。

單元二：參與及關係的建立

【第二階段團體的目標】建立友誼的關係及學習傾聽每位團員所關切的事，以建立團員的參與感。所有的團員皆須以溫柔、親切的聲調，幫助每一位團員都樂於共享。其技巧如后：

1. 建立信任感

每位團員被邀請參加「盲人行走」的信任訓練。將所有團員分成兩組，一組全以黑布矇眼，另一組團員扶持著矇眼者圍繞教室行走。接著由參加團員分別分享及共同討論在這個活動中所經驗到的信任感，或經驗到信任感給與自己的幫助。

2. 正面積極訓練

幫助參加團員學習正面的自我觀念，每位團員都被邀請與團體分享一件正面而積極的經歷。

3. 基本心理需求

每位團員被邀請以「P 氏（內在基本需求）量表 Pete's Pathogram」（附錄表 1-2；附錄三）描述其自我在歸屬、權力、自由及趣味四方面的基本需求，並與所有的團員一同分享自我最需要被滿足的基本內在需求。

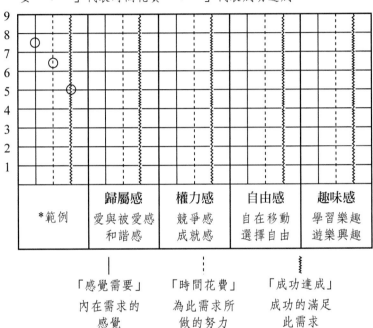

附錄表 1-2 P 氏（內在基本需求）量表 Pete's Pathogram

* 請圈選適當的數字表達你自己切實的需求：「—」代表感覺需要，「---」代表時間花費，「〰〰」代表成功達成。

	*範例	歸屬感 愛與被愛感 和諧感	權力感 競爭感 成就感	自由感 自在移動 選擇自由	趣味感 學習樂趣 遊樂興趣

「感覺需要」
內在需求的
感覺

「時間花費」
為此需求所
做的努力

「成功達成」
成功的滿足
此需求

單元三：校園行為與自我評估

【第三階段的目標】是專注於每一位團員現行的校園行為。諮商心理師邀請每一位團員自述，他（她）們現在想要什麼？他（她）們如何來滿足他（她）們的內在需求？每一位團員向團體描述他（她）們目前的學習狀況，並邀請團體來評估他（她）們目前在校園生活中所有可能影響課業的不

275

當行為。諸如：翹課、沉迷網路、課業困擾等等。幫助他們認識並覺察自己所選擇的現行行為是否有這些不當行為，是否可能造成學習困擾。這些活動包括：

1. 檢視行為

邀請團員寫下他（她）們每天的時間表。諮商心理師幫助團員檢視他（她）們每一天的生活狀況，以及他（她）們如何應用每一天的時間，以檢視可能會造成的課業困擾。

2. 操縱方向盤

全體團員圍坐一圈，邀請每一位團員輪流坐在一個大型紙汽車的方向盤後面，應用Glasser的選擇理論總合行為中汽車的四個輪子：思想、行動、感覺和生理狀態（附錄四），來分析自我在學校中需改進的不當行為。例如：翹課行為，當思想：（好冷哦，不想上課！）⇒行動：（不肯起床，賴在床上不肯起來）⇒感覺：（懶洋洋，倦怠感）⇒生理狀態（全身縮成一團、眼睛張不開、頭腦昏沉沉的）。

3. 澄清需求

幫助所有團員辨別他（她）們的真正需求，並幫助檢視達成需求的可能性。每一個團員被邀請將他（她）們目前在學校中的真實需求寫下，然後，再將所有寫下的需求，收集並置於一個大型信封中。每次輪流從信封中取出一個需求，所有的團員共同來討論如何幫助這一位團員達成這需求之可能行為。

4.行為重建

在與全體團員共同討論和收集所有的建議之後，需要改變滿足需求行為的團員被邀請重新考慮一種新的替代行為，使之能滿足自我內在的真正需求。

單元四：感覺世界及優質世界

【第四階段的目標】了解並認識感覺世界與優質世界（附錄二），並幫助他（她）們知道如何調整兩者之間的不同，以致能學習有效的控制行為，學習為自己所選擇的行為負責。其活動包括：

1.大腦運作──選擇理論

團員被要求使用大腦運作圖（附錄二），利用他們的感官及知覺系統，來描述在他們大腦中的圖片。諮商心理師幫助團員認識其大腦系統好像一個控制系統。從外在真實世界所感覺到的事物，透過價值與知識過濾器的澄清後，會將這事物的感覺存留在感覺世界中，並與優質世界的圖片比較，大腦的選擇決定了有效或無效控制。所以在整個活動中，諮商心理師幫助團員學習如何有效控制，與學習為自己的選擇負責。

2.新圖片或舊圖片

團員被邀請比較在他（她）們優質世界中的圖片，與在感覺世界中的圖片。首先將圖片畫下或寫出心目中期待的圖像，在圖畫紙兩面，一面是優質世界的圖片，而另一面則是

感覺世界中的圖片。然後，每位團員被邀請與團體分享兩面圖片的意義與比較不同之處，兩者相比，使當事人可以學習如何調整而非只是非理性的要求。例如：在優質世界中所呈現的是理想我（我所期待的是一個各科都能考一百分的好學生），在感覺世界中呈現的則是真實的我（即使努力用功仍無法考到科科一百分），比較之下，發現自己的能力可能無法達到自我理想的要求，所以需要調整（我努力用功，但不強求一百分；或，雖然無法獲得一百分，但努力的學生仍是好學生）。

3. 內在控制

全體團員一同分享他（她）們如何因改變行為而能滿足其內在需求的計畫，當每一個團員提出計畫後，在團體中互相幫助修正，以致每一個人都能達成目標。例如，提出一個一週能完成的計畫，改變自己上網習慣的改良步驟，每日逐漸減少半小時上網時間，以致能因減少上網而達到課業改善的目標，滿足好學生的內在需求。

單元五及六：評估及計畫

【第五及第六階段的目標】連續兩次務必幫助每一位團員都能執行自我的計畫，並藉著分享互相鼓勵、彼此關懷。每位團員相互鼓勵，評估他（她）現在的行為、自我的價值判斷，及發展一個非永久性的計畫。藉由現實治療法的技巧：自我評估、發展行動改變的計畫，及作計畫與執行的承諾，

由諮商心理師幫助和引導全體團員學習如何來評估及計畫。其技巧包括：

1. 問題彙報

首先將海報紙貼在牆上，全體團員以不同色筆寫下他（她）們自己的問題，然後，全體團員共同來討論，每次選取一項問題，作為團體討論題目。全體團員提出可行的建議與當事人討論，提供意見予其參考，當事人可從中選擇可行之答案，解決自己的問題與困難。

2. WDEP／TAFP（附錄四）

每位團員被要求詳細寫下全部改變行為的新計畫，包括現實治療法的需求、行動、評估，及計畫的每一步驟，與控制理論總合行為之原則，如思想、行動、感覺及生理狀態。所有的團員分成三組，分別扮演諮商心理師、當事人及觀察員。所有的團員從此活動中經歷一種諮商情境，學習如何面對和解決問題，以致能藉著這實際的經驗，學習解決自我的問題和困難。

3. 握手協議

每位團員分享他（她）自己的行為改變計畫後，被邀請與所有的團員握手，協議一定遵守約定去執行他（她）的「行為改變計畫」。每位團員一邊與當事人握手，一邊鼓勵當事人承諾一定去執行他（她）的計畫。

單元七：承諾及發展計畫

【第七階段的目標】驗證所有參加的團員，皆能完成他（她）們的計畫，團體輔導及團員一起來評估，每位團員執行他（她）的計畫之得失。團體不接受任何藉口，並對未能完成承諾之事，絕不放棄。全體團員將幫助未能達成其承諾者改變計畫的步驟，再嘗試、再執行直到能完成其目標達到滿足其內在的需求。其活動包括：

1. 評估與發展

每一位團員被要求在這一次的活動中分享上一次所執行的計畫結果。若順利完成其計畫者，全體團員給與讚美及鼓勵；若未能完成計畫者，則幫助他（她）變更或修正其計畫，以使之能發展一個可達成其滿足內在需求的計畫。團員需要彼此鼓勵決不放棄，並繼續相互勉勵，繼續保持嘗試的決心，直到真正滿足內在的需求。

2. 獎賞與鼓勵

對每一位順利完成其計畫的團員，全體團員都熱情的給與讚美及鼓勵，並鼓勵他（她）繼續努力執行其計畫，直到真正滿足他（她）內在的需求。

單元八：團體結束

【最後階段的目標】轉移在課程中學習的技巧，鼓勵每一位團員繼續不斷地練習，使用選擇理論和現實治療法來改

變其他的行為。其活動包括：

1. 總結及鼓勵

在團體結束時，團體輔導逐一誇讚每一位團員，並請全體團員也給與每一位一句讚美的話，為他（她）們能完成自己的計畫而給與鼓勵，並勉勵他（她）們能繼續使用現實治療法，將所學得的技巧用於其他行為中。

2. 分享回饋

團體輔導鼓勵團體成員，將現實治療法的各種諮商輔導技巧，用來幫助自己作為自我解決問題的技巧：(1)建立參與的關係；(2)對選擇理論的了解；(3)校園行為及自我評估；(4)對現實問題的確認；(5)腦力激盪及計畫；(6)發展現實的計畫；(7)協議與承諾；(8)不接受藉口和推諉責任。

3. 承諾

團員被邀請做成承諾，在未來的行為改變中，繼續使用在團體中所學得現實治療法的技巧。

二、「現實治療法」教學課程之建議

教學課程是以選擇理論為基礎：學習如何選擇合適的行為，並學習為自我的選擇負責，以致能滿足內在基本需求，過一個有意義的生活。教導現實治療法的基本觀念共分為八

種課程，簡介如下：

第一課：基本需求的簡介

1. 簡介選擇理論和現實治療

課程首要介紹現實治療的基本觀念：基本內在需求、大腦運作系統、總合行為、優質世界及行為系統等。藉此能了解人並非因外在事物所控制，而是肇因於內在基本需求。人的所有行為皆來自人企圖要控制他（她）自己的行為，滿足內在基本需求。

2. 基本內在需求

解釋人的基本生理及心理的需求：歸屬、權力、自由、趣味及生存等需求。人從出生就繼續不斷地被這些需求所驅使，所有的行為之所以產生，皆是為了滿足自我內在一種或多種的需求而產生。

第二課：感覺系統及知覺體系

1. 簡介大腦運作系統（行為產生的原因）

講解大腦控制系統的各部分：感覺系統、知覺體系、感覺世界、比較區及優質世界。藉著大腦運作系統圖（附錄二）解釋大腦中控制系統的循環與功能。

2. 感覺系統及知覺體系

大腦運作系統的第一部分：知覺體系，包括所有的感官

如觸覺、嗅覺、味覺、視覺及聽覺等，構成人類的感覺系統，經過各種感官，才能了解外在的世界。知覺體系是由知識過濾器及價值過濾器所組成，知識過濾器考量所有經由知覺所獲得的事物，並決定它的質與量。然後，透過價值過濾器繼續評估它的價值；價值過濾器辨別善與惡、苦與樂、好與壞，繼而形成感覺世界的一部分。

第三課：感覺世界及優質世界

1. 感覺世界與優質世界

　　大腦控制系統的第二部分：感覺世界，包含所有個人所覺察的事物，涵蓋任何他（她）所曾經感覺到的知覺、所有有用的知識、所有能記憶的事。優質世界，包含所有最重要的，且滿足一種或多種基本需求的事物。人通常會將所有符合需求的知覺記憶下來，這些記憶就成為滿足自我需求時的行為選擇；大腦中所儲存的心理需求形成人的內在世界，因此優質世界內就如同一本相片簿一般，充滿千百張特殊且滿足的畫面。

2. 比較區

　　比較理想世界和感覺世界中的需求之處，稱比較區，其功能是用來比較真實世界輸入的知覺和內在優質世界的知覺差異。當真實世界輸入的知覺圖片和優質世界的理想圖片不一致時，就會產生沮喪、失望的感覺，而發出沮喪訊號，這訊號會促進行為系統的重整，引起行為改變。當無法處理沮

喪訊號時，則會關閉比較區產生否認與逃避的行為，成為無效控制；相反的，若能有效控制沮喪訊號，雖然真實世界輸入的知覺圖片和優質世界的理想圖片不一致，但經過比較區的比較，會產生行為的調整，驅使他（她）的行為改變去滿足個人的內在需求，直到得到他（她）所需求的，或是至少接近所需求的為止。否則即需改變圖片，按現實考量來調整行為以滿足內在之需求。

第四課：行為體系及選擇

1. 組織／再組織

接著比較區的是行為體系，是一個行為重組區，因應比較區所產生的沮喪訊號，重新比較、評估，然後重組，再選擇一個能滿足自我內在需求所期望的行為。行為體系劃分為組織區及創建區（再組織區），決定保留原有行為，抑或重組而產生企圖解決問題的創造性行為。

所以，組織／再組織是一種不斷進行的程序，直到產生有效的行為滿足內在需求。

2. 選擇

在此課程中學員學習選擇的責任。大腦運作系統理論說明了人在作抉擇時行為決定的過程；大腦如何嘗試控制行為的選擇，企圖得到有效控制的抉擇。一個人之所以選擇某種行為，都是為滿足一種或多種基本需求而選擇的。在行為體系的運作中，人會抉擇合適的行為滿足內在需求；行為體系

是一個不斷進行中的組織行為，是為滿足內在需求，而不停進行改造、重創的再組織行為過程。行為體系不停的運作，從比較區所傳來的沮喪或快樂訊號，將繼續不停驅使行為體系運作或轉變，直到選擇合適的行為，達成有效控制；或接受無效控制，接受選擇無效行為帶來的困擾與痛苦。

第五課：行為環及總合行為

1. 行為環

行為環，包括比較區、行為體系、總合行為，是行為體系的延伸，好像環一般不斷的連續進行，不停的比較、改變和重組，嘗試選擇適當的行為以滿足人的內在需求。

大腦運作系統說明了人在作抉擇時行為決定的過程；整合了所有的行為抉擇理論，整個體系由優質世界開始，從此反時針方向旋轉行進，整個路徑的進行好像一個環狀組織系統。行為環的運作始自此時此刻人們需求的圖片開始：第一站是比較區，第二站是行為體系，第三站是總合行為，第四站是現實世界，第五站是感官系統，第六站是知覺體系，第七站是感覺世界，最後一站再回到起點優質世界；再比較、重抉擇、作決定，由此再循環，直至滿足為止。Glasser（1985）說：人所選擇的行為，一定是為滿足其優質世界中自我需求的最佳的行為。

2. 總合行為

人的行為是一個統合整體，包含了⑴思想：自動地或非

自動地產生思想，如做夢；(2)行動：諸如走路、講話、人身體的全部或某部分，自動地以一些方法運動它滿足自我的需求；(3)感覺：如憤怒及快樂，指人所具有的一種感受力，不論是快樂的或痛苦的，都來自於人直接的思考及舉止；(4)生理狀態：如流汗或握緊拳頭，指自願的及非自願的身體本能，包含所有行動、思想，及感覺的反應現象。

這四部分是一個總合的行為，是相互感應、彼此影響的。好像一輛汽車的移動，是靠四個輪子來引導方向；當人對刺激產生反應時，人的思想、行動、感覺和生理狀態是相互關連而不可分的，是一個統合的整體，稱之為總合行為。

第六課：校園生活中的應用

學習將現實治療所有的理論與技巧應用於校園的生活中，編製一個學習計畫，因一個好的學習計畫，是幫助學生在學校生活中獲致成功的極重要工具。

一個好的計畫必須是：(1)自我期待達成的；(2)可以改變的；(3)有正反兩面的考量與分析；(4)有特定的目標與限制；(5)短期可達成的，且能一步一步按步驟進行的；(6)必須避免過度的期盼；(7)正面而積極的；(8)不接受任何藉口；(9)不處罰；(10)絕不可超過自己的能力；(11)絕不放棄。

第七課：生命的平衡

WDEP ／ TAFP（附錄表 1-3；附錄四）

教導現實治療法的需要、行動、評估及計畫四步驟，與大腦運作理論，總合行為——行動、思想、感覺及生理狀態四種原則。

WDEP 的原理是：

需要（W）：找出一個學生實際上最需要什麼，例如：成績優異。

行動（D）：如何付諸行動，做所能做的，以達成期望。

評估（E）：幫助學生評估所付諸的行動是否有效？是否需要改變？

計畫（P）：建立良好的計畫與步驟，以期能達成所期待達成的目標。

應用 TAFP（思想、行動、感覺、生理狀態）總合行為原則，來配合 WDEP 的現實治療過程。例如，

需要／思想：我需要什麼？／我現在想什麼可以得到我所需要的？

需要／行動：我需要什麼？／我現在做什麼以達到我所需求的？

需要／感覺：我需要什麼？／我現在的感覺是什麼？在

行動與思想的反應中我的感覺是什麼？

需要／生理狀態：我需要什麼？／我身體的反應為何？當我積極進行時我的感覺是什麼？消極時的感覺又是什麼？

回答每一個問題並填寫在每一個空格內。

附錄表 1-3 WDEP ／ TAFP：使用 TAFP 的原理來應用 WDEP 的現實治療法步驟

控制理論 / 現實治療	思想（T）	行動（A）	感覺（F）	生理狀態（P）
需要（W）	需要／思想	需要／行動	需要／感覺	需要／生理狀態
行動（D）	行動／思想	行動／行動	行動／感覺	行動／生理狀態
評估（E）	評估／思想	評估／行動	評估／感覺	評估／生理狀態
計畫（P）	計畫／思想	計畫／行動	計畫／感覺	計畫／生理狀態

第八課：檢討及個人成長計畫

1. 回饋與檢討

最後一課，是幫助所有參與者檢討從現實治療法所學到的意義及基本理論與技巧。

2. 個人成長計畫

個人成長計畫，是應用現實治療法的原理，從中就所學的理論與技巧來編製一個長期計畫，並對此計畫作承諾，幫助自己能藉著這個計畫滿足自我的需求，以期能過一個有意義的生活。

大腦運作圖

（本圖已獲 William Glasser 授權使用）

大腦運作圖

選擇理論——行為產生的原因

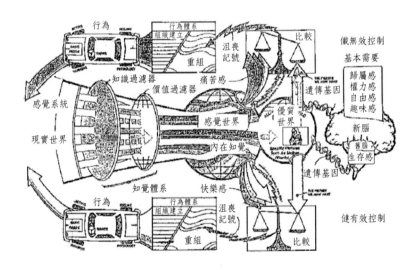

289

P 氏（內在基本需求）量表

（本圖已獲 Arlin Peterson 博士授權使用）

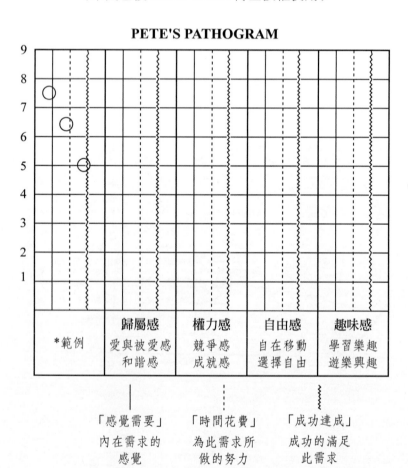

PETE'S PATHOGRAM

附錄四

WDEP/TAFP

選擇理論 / 現實治療	THINKING	ACTION	FEELING	PHYSIOLOGY
WANT				
DOING				
EVALUATION				
PLAN				

國家圖書館出版品預行編目（CIP）資料

現實治療法：理論與實務 ／ 張傳琳著.
--初版.-- 臺北市：心理, 2003（民 92）
面； 公分.--（心理治療系列；22044）
ISBN 978-957-702-592-0（平裝）

1. 諮商 2. 心理治療

178.3 92008384

心理治療系列 22044

現實治療法：理論與實務

作　　者：張傳琳

執行編輯：陳文玲

總 編 輯：林敬堯

發 行 人：洪有義

出 版 者：心理出版社股份有限公司

地　　址：231026 新北市新店區光明街 288 號 7 樓

電　　話：(02) 29150566

傳　　真：(02) 29152928

郵撥帳號：19293172　心理出版社股份有限公司

網　　址：https://www.psy.com.tw

電子信箱：psychoco@ms15.hinet.net

排 版 者：臻圓打字印刷有限公司

印 刷 者：辰皓國際出版製作有限公司

初版一刷：2003 年 6 月

初版十九刷：2024 年 9 月

I S B N：978-957-702-592-0

定　　價：新台幣 320 元